L'ingrédient secret du bonheur

Casterman
Cantersteen 47
1000 Bruxelles

www.casterman.com

ISBN : 978-2-203-12212-3
N° d'édition : L.10EJDN001715.N001

Publié en Grande-Bretagne par Chicken House, sous le titre :
THE SECRET COOKING CLUB

Achevé d'imprimer en avril 2017, en Espagne.
Dépôt légal : juin 2017 ; D.2017/0053/152
Déposé au ministère de la Justice, Paris (loi n° 49.956 du 16 juillet 1949 sur les publications destinées à la jeunesse).

Laurel Remington

L'ingrédient secret du bonheur

Traduit de l'anglais
par Cécile Moran

casterman

1
Le pire jour de la semaine

La bouteille de ketchup crache ses dernières gouttes avec un bruit dégoûtant. Mon estomac se soulève – même si, pour être franche, je me sentais déjà patraque. Nous sommes vendredi matin, il est 7 h 50.

Heure H moins dix minutes.

— Il n'y en a plus, Scarlett ?

Kelsie s'essuie le menton avec la manche de son uniforme d'écolière, laissant une belle traînée rouge sur le poignet.

— On est à sec, et maman a oublié d'en recommander. De toute façon, tu as largement ce qu'il te faut.

La tartine beurrée de ma sœur est noyée sous une épaisse couche de sauce écarlate et visqueuse. Beurk. À presque sept ans, Kelsie continue de tout manger avec du ketchup, comme si une triple dose de sauce tomate compensait les cinq fruits et légumes recommandés par jour.

Je touille mes Weetabix tout mous. Je ne peux rien avaler. Mes camarades sont sans doute en train de sauter partout, excités à la perspective du week-end. Je les imagine envoyer des SMS, préparer leur sac pour dormir chez les copains, échafauder des plans sympas. Pas moi. Là, tout de suite, je voudrais disparaître au fond d'un trou.

Parce qu'à 8 h, maman publie un nouvel article sur son blog.

Je jette des coups d'œil désespérés dans la pièce. Peut-être que je pourrais l'en empêcher en coupant le courant. En faisant « accidentellement » tomber son ordinateur portable dans la baignoire ? Ou en devenant une *hackeuse* hors pair et en infectant les disques durs de ses milliers de *followers* ? Le tout dans les sept prochaines minutes, évidemment. Mais je sais qu'il est trop tard. Le nouveau post est déjà sur le serveur, planant dans le cyberespace. Prêt à faire irruption dans la réalité et à divulguer les détails embarrassants de ma vie privée au monde entier.

« Qu'est-ce que ce sera cette semaine ? Voyons... » Il n'y a plus grand-chose à dévoiler depuis que j'ai laissé tomber toutes mes activités à la fin du trimestre dernier – une tactique efficace pour m'épargner les articles du genre « Dix bonnes raisons de balancer le violon de votre enfant à la poubelle» ou «Claquettes : aurais-je donné naissance à deux pieds gauches ?».

Mais il reste ce que je n'ai *pas* fait – par exemple, ranger ma chambre ou m'assurer que Kelsie se lave les mains en sortant des toilettes. Il y a deux semaines, maman a proposé une devinette très amusante à ses lecteurs sur le thème de l'hygiène : «Qu'est-ce qui contient le plus de microbes : la chambre de ma fille ou les WC publics ?» Ce billet-là a généré plus de deux cents commentaires et attiré cinq nouveaux annonceurs de produits d'entretien sur le site. Le soir-même, elle a commandé une pizza pour «fêter ça». Kelsie a mangé ma part (avec du ketchup), et je suis restée cloîtrée dans ma chambre en me demandant quand ce cauchemar allait s'arrêter.

Je renonce à mon petit-déjeuner. Pendant que je jette mon lait dans l'évier, j'entends l'eau couler à l'étage. Maman fredonne. Elle a veillé tard hier soir afin d'apporter la touche finale à son article. Pour qu'elle soit debout aussi tôt, il doit envoyer du lourd...

— Dépêche-toi Kelsie, je ne veux pas être en retard.

Ce n'est pas que je sois pressée d'arriver au collège. Mais croiser maman et jouer la comédie de la famille normale ? Non merci.

— Je veux encore du ketchup, se plaint Kelsie.

Elle regarde sa tartine avec une moue boudeuse, racle le pain imbibé et lèche la sauce qui dégouline sur le couteau.

— Je t'en achèterai au magasin après l'école, d'accord? Va vite mettre tes chaussures.

Lorsque j'ouvre la poubelle pour vider son assiette, j'aperçois quelques feuilles de papier froissées au sommet de la pile de déchets. J'en repêche une et (je) la déplie. C'est le nouveau post de maman, celui qui est en ligne depuis – je consulte ma montre – une minute. Le titre: «Bye-bye Oxford, ma fille ne s'intéresse à rien».

Les mots deviennent flous sur la page, brouillés par le flot de larmes qui me monte aux yeux.

2
La nouvelle

J'accompagne Kelsie jusqu'à la grille de son école. Plusieurs mères chuchotent en regardant dans ma direction. Elles ont lu le nouveau post, c'est sûr. Alors que je grimpe la colline pour rejoindre mon collège, un gars de l'équipe de rugby me lance :

— Bye-bye Oxford !

Il fait mine de pleurer et agite la main. Ses copains éclatent de rire.

— Hé, dis à ta mère d'écrire un nouvel article sur tes culottes ! hurle l'un d'eux.

— Pourquoi pas les tiennes pour changer ?

Je lève les yeux au ciel. Autant en plaisanter – est-ce que j'ai le choix de toute façon ? Le jour où maman a parlé de mes culottes Princesse Disney, j'ai cru mourir de honte. Je n'ai jamais été aussi gênée de toute ma vie. Jusqu'à ce que le post « Y a-t-il un cadavre dans ce sac de sport ? » débarque en ligne.

Suivi d'un autre sur notre conversation à propos de «la petite graine». Je rejoins ma classe en vitesse, les joues en feu. Tout le monde a déjà lu le dernier billet. À quoi bon se cacher?

On a cours d'anglais en première heure. Sans réfléchir, je fonce m'installer au dernier rang avant de m'apercevoir que Gretchen est assise juste devant moi. Elle se retourne sur sa chaise.

— Salut Scarlett, tu vas bien?

Elle a l'air gentil comme ça. Quand le blog de maman a rencontré le succès, elle a été une des premières à vouloir devenir «ma meilleure amie». À l'époque, je trouvais ça cool d'être la nouvelle coqueluche de la cour de récré. Et puis j'ai surpris une conversation entre Gretchen et Alison. Gretchen disait qu'elle adorerait que sa mère écrive un blog sur elle. Qu'il serait *carrément* plus intéressant que le mien parce qu'elle se présentait à l'élection des délégués alors que moi, j'étais «la fille la plus ennuyeuse de la Terre». Je m'étais raclé la gorge pour signaler ma présence. Elle avait réagi avec un sang-froid digne d'une future grande déléguée.

— Oh, salut Scarlett! Tu as passé un bon week-end?

— Oui.

Maintenant je ne réponds plus, je me contente de hausser les épaules. Je ne lui demande pas comment elle va parce que : 1/ je m'en fiche, 2/ je n'ai aucune envie de discuter du conseil de classe, de la nouvelle déco de sa chambre (qu'elle a entièrement refaite dans les tons lavande en changeant tout le mobilier), de ses leçons d'équitation ni, en gros, de tous les trucs que vous pouvez vous permettre quand personne dans votre entourage ne braque un projecteur sur vos moindres petits défauts.

Alison, elle, ne fait même pas l'effort d'être sympa. Elle cherche son gloss au fond de son sac sans daigner me voir. Alison est belle – grande, blonde, avec une peau parfaite et de grands yeux verts – et le pire, c'est qu'elle le sait. Avec elle, maman se serait ennuyée – pas une tare à révéler ! D'ailleurs, à sa place, moi non plus je n'adresserais pas la parole à des losers dans mon genre.

Mlle Carver, notre prof principale, entre dans la pièce. La sonnerie a à peine retenti qu'elle commence à écrire sur le tableau blanc. À ce moment-là, je sens quelqu'un me frôler : Nick Farr, le plus beau des garçons de mon âge (toutes les filles sont d'accord), est en train de courir pour s'asseoir au premier rang.

— Trop aimable de votre part de vous joindre à nous, Monsieur Farr, ironise Mlle Carver en haussant les sourcils.

— Tout le plaisir est pour moi, réplique Nick.

Il tourne la tête pour faire un clin d'œil à Alison. Je me ratatine comme une fleur fanée à l'intérieur. Non pas que je me sente prête à avoir un petit ami. Seulement je sais que jamais des garçons comme Nick ne remarqueront mon existence. Au fond, vu les circonstances, c'est peut-être mieux ainsi. Si on venait à découvrir qu'il me plaît et que ça finissait sur le blog de maman… Je préfère ne pas y penser.

Parce que Gretchen ne s'en est pas tenue à sa remarque sur « la fille la plus ennuyeuse de la Terre ». Pendant quelque temps, j'ai essayé de mettre ma rancœur de côté. J'ai participé à sa campagne électorale, je me suis inscrite à quelques-uns des clubs dont elle est membre, je l'ai aidée pour ses devoirs de grammaire – bref, je me suis donné du mal pour devenir son amie.

Et puis maman a commencé à dévoiler des détails de plus en plus intimes sur sa page. Elle a raconté que j'achetais du déodorant avec mon argent de poche, que je dormais toujours avec mon vieux nounours et que je « cherchais à m'intégrer à la clique des élèves populaires». Des choses que je ne risquais pas de lui confier puisque j'avais déjà arrêté de lui parler à ce moment-là. Quelqu'un balançait. Comme j'avais ma petite idée sur l'origine de la fuite, j'ai sorti des bobards à Gretchen, des trucs stupides du style «tiens ! si je me teignais les cheveux en rose ?» ou «et si je me faisais piercer le nez ?». Certains se sont retrouvés sur le blog. J'étais mortifiée – mais pas très étonnée. Quand je suis montée au créneau, maman a joué l'innocente. Elle m'a dit qu'une de mes amies s'inquiétait pour moi, que si j'avais besoin de parler, elle serait toujours là pour m'écouter, blablabla (et que j'aurais peut-être le droit d'avoir les oreilles percées pour mon treizième anniversaire)... À compter de ce jour-là, j'ai définitivement renoncé aux loisirs et j'ai arrêté de traîner avec Gretchen et Alison. Quel intérêt, franchement ?

Mille pensées bouillonnent dans mon cerveau pendant le cours de Mlle Carver. Je songe à maman ; je rêve d'une nouvelle vie, ailleurs, dans une ville où personne ne me connaîtrait, et où avec un peu de chance je pourrais redevenir celle que j'étais avant – une fille marrante, sociable, pleine d'énergie, capable de rire de ses travers. J'en arrive à me demander si la Scarlett d'il y a deux ans a réellement existé. J'ai du mal à me souvenir d'un temps où je ne ressentais pas cette honte dévorante au creux de mon ventre.

Je fixe d'un regard distrait l'horloge murale au-dessus du tableau quand une phrase de Mlle Carver me ramène brusquement sur terre :

— ... et ne croyez pas que des bonnes notes suffisent pour entrer dans une grande université. Loin de là...

Ma gorge se serre. Évidemment – elle l'a lu aussi.

La porte de la classe s'ouvre soudain sur Mme Franklin, la principale. Elle entre, suivie d'une fille inconnue au bataillon et affublée du même uniforme moche que nous. Quelque chose chez elle retient mon attention. D'abord, elle est très jolie – elle a des cheveux noirs brillants, un visage rond, des lèvres bien dessinées et une expression souriante. Je lui trouve aussitôt l'air très sympathique. Nos yeux se croisent pendant une seconde.

— Pardonnez-moi de vous interrompre, dit Mme Franklin. Voici Violet Sanders. Elle est nouvelle et elle va rejoindre votre classe.

La principale désigne l'unique chaise vide, à deux places de la mienne. La fille s'assied et sort ses affaires en se mordant la lèvre, légèrement nerveuse.

— Très bien. Bienvenue Violet.

Mlle Carver fouille dans ses papiers et reprend son cours.

La nouvelle regarde droit devant elle. Je l'observe. Violet. On a au moins une chose en commun : un prénom qui désigne une couleur. Sauf que le mien ne me correspond pas du tout. Scarlett[1] évoque une bombe sexy, dynamique, qui déborde de confiance en elle – pas une planche à pain aux cheveux jaune filasse qui voudrait se cacher dans un trou de souris. Alors que le prénom de Violet lui va comme un gant. Même ses prunelles sont d'un bleu tirant sur le violet. Une idée me traverse l'esprit : nous pourrions devenir amies. Si elle n'a jamais entendu parler de moi, notre relation partirait sur une base saine. Mais à ce moment-là, Gretchen jette un coup d'œil à Violet par-dessus son épaule et lui sourit. Les dés sont jetés : elles vont se l'arracher, mon secret sera révélé, et on en restera là.

Ça n'a pas raté. Après le cours, Gretchen et Alison escortent Violet hors de la salle, bras dessus bras dessous, comme si elles se connaissaient depuis la maternelle. Elles déjeunent ensemble à la cantine.

1. L'adjectif «*scarlet*» signifie «écarlate». (NdT)

Je les épie depuis l'autre bout de la salle. Gretchen lui fait voir quelque chose sur son téléphone et me montre du doigt. Violet tourne la tête dans ma direction. Je baisse aussitôt les yeux. Puis Nick se joint au groupe. Les voilà qui bavardent et rient ensemble.

C'est la goutte d'eau. Je n'en peux plus. Je me lève. Je jette mes haricots insipides et ma viande non identifiable à la poubelle. Et je me cache dans les toilettes jusqu'à la fin de la pause.

3
Décidément une sale journée – et pas que pour moi

À la fin des cours, tout le monde a cessé de s'intéresser au post de maman. Je suis tranquille pour une semaine. Je rentre à la maison en traînant des pieds, plus fatiguée que démoralisée. Quand je croiserai maman, je prétendrai que tout va bien – sinon, elle publiera un article sur mon « comportement caractériel » de fille ingrate et indifférente aux difficultés auxquelles sa mère doit faire face.

Ce serait tellement injuste ! Je balance un grand coup de pied dans un caillou. Je suis fière d'elle et de son succès, vraiment. En moins de trois ans, elle est devenue une blogueuse célèbre. Chaque semaine, ses *followers* se connectent par centaines pour lire ses billets d'humeur inspirés de son quotidien difficile de mère célibataire. Nous ne voyons presque plus papa depuis qu'il s'est sauvé avec sa coach personnelle. Maman nous élève seule, Kelsie et moi, sans le moindre centime d'aide de sa part. Elle a refusé, préférant lancer son blog pour subvenir à nos besoins. Et elle a brillamment réussi.

Elle a connu un grand moment de gloire *online* quand papa est revenu le bec enfariné il y a environ un an pour lui réclamer une part des revenus générés par son activité sur Internet. Elle lui a répondu sans détour qu'il pouvait aller se faire voir dans un *vlog* devenu viral.

Maintenant, en plus de ses billets hebdomadaires, elle publie des articles de blogueurs invités et elle a mis à disposition du public une page qu'elle a appelée le Défouloir pour que les personnes qui le souhaitent puissent vider leur sac. Ils ont le droit de se plaindre de leurs enfants, conjoints, amis, métiers, belles-mères – enfin de tout et de n'importe quoi. Elle a plein d'annonceurs et elle travaille même sur un projet avec la marque de cosmétiques Boots. Il s'agit de réaliser un kit de survie pour mamans débordées, qu'ils vendront dans tous leurs magasins.

Alors je suis ravie qu'elle soit une célébrité. Sans être riche, elle gagne assez d'argent pour nous permettre de louer une maison de cinq pièces où ma sœur et moi avons chacune notre chambre. Mais il y a un hic. Les souffrances quotidiennes qu'elle décrit, toutes ces épreuves affreuses auxquelles elle doit «survivre», ont en général un rapport avec moi, ou plus rarement avec Kelsie. Je sais qu'elle nous aime. Pourtant, il y a des jours où je ne peux pas m'empêcher de penser qu'elle regrette d'avoir eu des enfants.

À mesure que j'approche de la maison, je ralentis le pas. La perspective de passer une autre soirée à regarder *Fifi Brindacier* avec Kelsie me coupe les jambes. Je me sens comme une poupée de chiffon vidée de son rembourrage. Je me demande ce qu'a prévu Violet pour ce soir. Sans doute de passer une soirée agréable avec ses parents en leur racontant sa première journée au collège et en leur parlant de ses nouveaux copains. Ensuite, elle fera un jeu de société, elle répètera sa leçon de piano ou elle révisera ses cours de chinois.

Au moment où je tourne dans ma rue, mon cœur bondit dans ma poitrine. Une ambulance stationne, le gyrophare allumé, pile devant notre maison. Deux infirmiers sont en train de monter une civière à l'arrière. Comme dit toujours maman quand elle aperçoit une ambulance ou un fourgon de police, «quelqu'un est en train de passer une sale journée».

Je cours de toutes mes forces. Mon sac est violemment ballotté dans mon dos. Le véhicule projette ses lumières clignotantes bleues et blanches sur les façades des maisons. Est-ce maman ? Kelsie ? Toutes les mauvaises pensées que j'ai eues à leur sujet aujourd'hui défilent dans mon esprit. Je voudrais tellement pouvoir les effacer.

Un infirmier referme la portière de l'ambulance. Je réalise avec soulagement qu'en fait, ils sont garés devant chez la voisine, une vieille dame appelée Mme Simpson. Je ne l'ai pas encore rencontrée. Je connais son nom parce qu'une fois, un livreur a toqué à notre porte par erreur. Sa maison donne un peu la chair de poule – les rideaux sont toujours tirés et je n'ai jamais vu la moindre ampoule allumée. Quand on a emménagé ici il y a quelques mois, maman parlait de l'inviter prendre une tasse de thé. Mais devinez quoi ? Ce n'est jamais arrivé.

Je m'approche de l'infirmier.

— Mme Simpson a eu un accident ?

— Elle s'en remettra. Elle a fait une chute et elle s'est cogné la tête. Heureusement qu'elle a réussi à appeler les urgences, sinon... Tu es de la famille ?

— Non. Je ne la connais pas vraiment.

Il s'installe sur le siège passager.

— Bon, eh bien, ne t'inquiète pas : elle est entre de bonnes mains, maintenant. On s'occupe d'elle.

L'ambulance démarre et la sirène se met à hurler. Je reste plantée sur le trottoir en la suivant des yeux jusqu'à ce qu'elle disparaisse dans le virage. Apparemment, aucun des voisins n'a rien remarqué. Pas un rideau n'a frémi aux fenêtres des rez-de-chaussée.

Je rentre chez moi. Kelsie regarde la télé dans le salon. Je laisse tomber mon sac par terre dans l'entrée et je file vers la cuisine. La porte de l'Antre de maman – autrement dit son bureau – est ouverte.

— Scarlett, c'est toi ?

— Oui.

Je bous de colère. Maman a des milliers « d'amis » en ligne mais elle n'a jamais prêté la moindre attention à la vieille dame d'à côté. Moi non plus d'ailleurs. Et maintenant, il est peut-être trop tard.

— Tu sais quoi ?

Elle sort comme une tornade, légèrement ébouriffée, et me sert contre elle. Pendant un instant, j'ai envie de me laisser aller, d'oublier mes émotions entre ses bras réconfortants, mais je n'y arrive pas. Je m'écarte au bout d'une seconde, méfiante.

— Quoi ?

— Boots a signé mon contrat aujourd'hui ! Mon kit de survie sera en vente dans deux cents boutiques. Pas mal pour un début, non ?

— Euh, oui.

— Attends, je vais te montrer le prototype.

Elle attrape une petite boîte sur le plan de travail de la cuisine. Le packaging est imprimé d'un motif camouflage violet et rose.

— Le kit contient un soin pour les mains, du gel antibactérien, un masque pour le visage, des boules Quiès, du baume à lèvres, des bonbons et un œuf surprise au chocolat avec un conseil de survie à l'intérieur.

— Ah.

— Ils ont refusé les comprimés de caféine mais on va rajouter une dosette de café en sachet – tu sais, comme le thé ?

— Super. Tu n'as pas entendu l'ambulance ?

— Quelle ambulance ? Bref, il ne me reste plus qu'à choisir la couleur des bonbons. Qu'est-ce que tu penses du rose ?

— Oui, le rose, c'est bien.

— Vendu ! Je leur envoie un e-mail de suite, dit-elle en tournant les talons.

— Maman, Mme Simpson est tombée. Ils viennent de l'emmener à l'hôpital.

— Qui ?

— La voisine. La vieille dame.

— Oh, elle s'appelle Mme Simpson ?

— Oui.

— Ah… ça arrive, malheureusement.

Elle hausse les épaules et repart déjà vers son Antre.

— Oh Scarlett, tu peux faire goûter Kelsie? Je dois me préparer pour le tchat de ce soir: «Comment communiquer avec votre ado».

— Pas de problème, je réponds les mâchoires serrées.

— Merci. Oh, et Scarlett…

— Oui?

— C'est vraiment sympa de m'aider. Encore merci.

Elle referme d'un coup sec derrière elle. La pancarte qui indique «l'Antre de maman» tangue au bout de son crochet. Je suis fortement tentée de m'engouffrer dedans et de réclamer qu'elle «communique avec son ado» pour de vrai. Je lui dirais exactement ce que je ressens, je lui raconterais la journée pourrie que j'ai vécue à cause d'elle, et puis je les enverrais se faire cuire un œuf, elle, ses deux cents boutiques Boots et ses milliers de *followers*. Mais ça n'en vaut pas la peine. Je ferais mieux de cocher sagement les cases de ma *to-do list* une par une – dîner, faire mes devoirs, regarder la télé, prendre ma douche – et aller me coucher.

Alors je suis le programme fixé. À la fin de la soirée, ma colère s'est estompée et je commence à m'assoupir. Je m'écroule sur mon lit, plus fatiguée de n'avoir rien fait que si j'avais couru un marathon. Et pourtant, impossible de m'endormir. Je pense à Mme Simpson. Elle a passé une sale journée – sans comparaison avec la mienne. J'espère qu'elle n'a rien de cassé. Je ferme les yeux et j'essaie de lui envoyer des ondes positives mais mon esprit n'arrête pas de vagabonder. Enfin, alors que je venais juste de tomber dans les bras de Morphée, je suis réveillée en sursaut par un cri lugubre.

4
Un bruit dans la nuit

Je me dresse, droite comme un i, dans le halo de lumière de ma lampe de chevet. Ce bruit… On aurait dit un condamné en pleine séance de torture. Qui provenait juste de l'autre côté du mur – celui qui est mitoyen avec la maison de Mme Simpson. La panique me gagne. Elle a dû rentrer de l'hôpital et se refaire mal. Et si elle n'arrivait pas à atteindre le téléphone cette fois ? Elle pourrait mourir et ce serait de ma faute. Je vois d'ici la une des journaux (sans parler du blog de maman) : UNE VIEILLE DAME MEURT ABANDONNÉE, SON APPEL AU SECOURS IGNORÉ PAR SA JEUNE VOISINE.

Je saute du lit et je sors dans le couloir sur la pointe des pieds. La chambre de ma sœur est plongée dans le noir et j'entends d'ici sa respiration paisible. Il y a un rai lumineux sous la porte de maman. Je reconnais le son caractéristique de ses doigts qui pianotent sur son clavier d'ordinateur.

J'hésite à toquer pour la prévenir, mais elle risque de me renvoyer dans mon lit en me disant que je m'inquiète pour rien.

Je descends discrètement et je prends une lampe-torche dans le tiroir près de l'évier de la cuisine. La porte qui donne sur le jardin s'ouvre en grinçant. Je retiens mon souffle. Un croissant de lune parfait et une poignée d'étoiles luisent dans le ciel nuageux. Debout sur un seau, je regarde par-dessus la clôture. Rien à signaler par ici.

Je repasse par chez moi, traverse le rez-de-chaussée à pas de loup et ressors côté rue. Tout est calme. Une fine couche de rosée s'est déposée sur les pare-brise des voitures. Je vois les minuscules gouttelettes scintiller sous les rayons de la lune. Je contourne la haie qui sépare les deux entrées, puis je me plante devant la porte noire et brillante de Mme Simpson, avec sa boîte à lettres et son heurtoir en laiton. Au moment où je lève la main pour toquer, je l'entends de nouveau – cette lamentation à vous glacer le sang. Ça vient de l'intérieur, je ne me suis pas trompée.

Je laisse tomber les bonnes manières et j'essaie d'entrer sans frapper. Mais la poignée de la porte refuse de céder. Elle est fermée à clé. Mon cœur s'emballe tandis que j'allume ma lampe. Il y a un vieux pot de fleurs à côté du palier. Je vérifie dessous. Rien. Je regarde sous le bac de recyclage – toujours rien. Sous le paillasson ? Ça m'étonnerait, personne ne laisse sa clé sous son paillasson... Eh bien si, la voilà ! Une clé dorée miroite dans le faisceau de ma torche électrique. Je l'enfonce dans la serrure et je pousse le battant.

Il fait sombre à l'intérieur. L'atmosphère sent le renfermé, les tentures poussiéreuses et le savon de Marseille. Je balaie la pièce avec le rayon de la torche, craignant de voir un corps étendu au milieu d'une flaque de sang. Je distingue des meubles lourds en bois foncé, un canapé avec ses deux fauteuils assortis tout affaissés et une tonne de bibelots. Pas de doute, on est chez une vieille dame. J'examine le fond de la pièce. Le mur est percé d'une porte qui doit conduire à la cuisine... Soudain, je pousse un glapissement.

Une paire d'yeux me regarde. Des yeux jaunes et hostiles. Je suis si nerveuse qu'il me faut une bonne seconde pour comprendre à qui j'ai affaire. Ce n'est ni un monstre ni un fantôme mais un chat – tout noir, avec un collier de poils blancs.

— Oh, tu m'as fait peur !

Une seconde de plus et je saisis mon erreur.

— Alors c'était toi qui faisais tout ce raffut ?

Le petit démon cingle l'air de sa longue queue touffue. Il fait quelques pas vers moi, la tête haute, fier. Ses poils me chatouillent quand il se frotte à mes jambes nues. Il se met à ronronner.

— Tu dois te sentir seul, hein?

Je me penche pour le prendre dans mes bras. Il se blottit contre moi en me fixant de ses grands yeux. Maintenant que je suis rassurée, je les trouve plus tristes qu'effrayants.

— Tu as peut-être faim?

Il presse sa joue contre la mienne.

Je n'ai jamais eu de chat – ni aucun animal domestique d'ailleurs. Instinctivement, je le serre un peu plus fort, comme si je venais de tomber sur un vieux compagnon d'infortune.

— À coup sûr, les infirmiers ne t'ont pas vu et ils t'ont enfermé dans le salon. Viens, on va te chercher quelque chose à manger dans la cuisine.

Il se tortille dans mes bras, et je le repose par terre. Il trottine en direction de la porte qui, chez nous, donne sur la salle à manger, et se met à miauler. Je le suis et j'ouvre.

Lorsque j'appuie sur l'interrupteur, ce que je découvre me laisse bouche bée.

5
La cuisine de Rosemary

La cuisine est HAL-LU-CI-NANTE – il n'y a pas d'autre mot. Elle est spacieuse, avec un plafond à poutres apparentes très haut et un sol impeccable. Toutes les surfaces brillent, de l'inox scintillant de l'évier aux meubles en bois ciré, en passant par le plan de travail en granit noir si propre qu'on se voit dedans. Une batterie de casseroles en cuivre pend à un rail accroché au plafond. Un mur entier est tapissé de livres de recettes. Un fourneau géant trône à côté d'un réfrigérateur à double porte et d'une vitrine remplie de tous les gadgets de cuisine possibles et imaginables. Une table en bois occupe le fond de la pièce, et il y a une cheminée tellement grande que je pourrais y tenir debout sans problème. Un vrai paradis pour les cuisinières – et pour les gourmands qui auraient la chance d'être invités ! Je respire le parfum entêtant des épices et du citron frais en souriant malgré moi. Je n'en crois pas mes yeux. Quand je pense que juste derrière le mur se trouvent notre petite cuisine exiguë et sombre, notre salle à manger-débarras et l'Antre de maman !

Le chat se dirige tranquillement vers le fourneau. Je vois un bol vide posé par terre à côté. Il me regarde de ses grands yeux jaunes et recommence à miauler. Je m'aventure jusqu'au frigo. Un magnet sur la porte indique : « Cuisine de Rosemary ». Il est plein à craquer, comme si la vieille dame venait de dévaliser un supermarché avant son accident. Je sors une brique de lait bio et une boîte de pâtée pour chat au thon déjà entamée.

— Je ne savais pas que ta maîtresse s'appelait Rosemary.

Le chat fouette sa queue impatiemment. J'ai à peine fini de remplir le bol qu'il se jette sur son repas. J'en profite pour explorer la cuisine. Les étagères de livres m'attirent. Toute une tablette de la bibliothèque est consacrée à une collection intitulée « Encyclopédie des herbes et des épices ». À hauteur de mes yeux, je découvre trois livres différents écrits par Mme Beeton, plus quelques recueils de recettes signés par des célébrités : Delia Smith, Jamie Oliver, Mary Betty. La plupart semblent presque neufs. D'autres en revanche sont très usés. Elizabeth David, Julia Child, Auguste Escoffier… Je n'ai jamais entendu parler de ces cuisiniers. Mais l'étagère qui m'intéresse le plus, c'est celle du haut. Les couvertures paraissent très anciennes. Il y en a de toutes les couleurs, de toutes les formes et de toutes les dimensions. J'attrape un livre au hasard : *La Cuisine de mère en fille*. Le dessin me plaît : c'est une jolie maman des années 1950 qui donne des biscuits juste sortis du four à sa fillette aux joues roses. Inutile d'y chercher la seule recette que ma mère m'ait jamais transmise – celle des bâtonnets de poisson pané avec leurs frites surgelées.

Je le repose sur l'étagère. Le chat ronronne derrière moi, le museau dans son bol. Quelque chose sur le plan de travail attire mon regard. Un cahier protégé par une toile rouge usée est ouvert sur un pupitre en bois. Je m'approche. La couverture est marbrée de rouge, de vert et de bleu. Il a l'air très vieux. Curieuse de savoir ce que Mme Simpson cuisinait avant son accident, je le prends entre mes mains. Il est étrangement chaud, comme une miche de pain à peine cuite. Je l'ouvre. Sur la première page, on peut lire en jolies lettres tracées à l'encre noire :

Pour mon petit chef en herbe – puisses-tu trouver l'ingrédient secret.

Je prononce les mots à voix haute. Le chat m'écoute en battant de la queue, satisfait de son dîner. Je me demande qui peut bien être le «petit chef», et si il (ou elle) a trouvé l'ingrédient secret.

Le cahier contient des tas de recettes écrites au stylo, accompagnées de commentaires et de quelques ratures. Il y a aussi des illustrations – des dessins faits au crayon, des photos découpées dans des magazines ou des coupures de vieux journaux : gâteaux, tartes, pains, plats en sauce... et j'en passe. Il y a un chapitre entier de recettes associées à des comptines, avec des petits poèmes et des histoires comme *Hansel et Gretel* recopiés en lettres fantaisie. Entre les recettes, les poésies et les illustrations, cela a dû prendre un temps fou de rassembler tout ça – des années peut-être. Le «petit chef» avait beaucoup de chance. Quelqu'un s'était donné beaucoup de mal pour lui. Je n'y connais rien en cuisine mais j'ai le sentiment que ce cahier de recettes a quelque chose de vraiment très spécial.

Le chat s'est maintenant mis à laper le lait comme s'il sirotait un café en guise de digestif. Ensuite, il se lèche soigneusement les moustaches et quitte la cuisine de sa démarche altière. J'éteins la lumière et je le suis dans le salon, où il saute sur un fauteuil déchiré. Je lui lance avec mauvaise humeur :

— De rien ! Et bien sûr, monsieur compte sur le fait que je revienne demain pour le nourrir ?

Il se roule en boule et enfouit son museau sous sa queue soyeuse. Ses ronronnements ralentissent, et il ne tarde pas à s'endormir.

Je sors en silence, la lampe-torche éteinte pour que personne ne me voie. En douce, je retourne de l'autre côté de la haie, le cahier de recettes glissé sous le bras.

6
Le cahier de recettes très spécial

Je ne sais pas pourquoi je l'ai gardé. Je n'ai pas l'intention de cuisiner chez moi. J'imagine déjà maman se frottant les mains et savourant à l'avance son prochain billet : « Au secours, ma fille essaie de m'empoisonner / de mettre le feu à la maison / de me rendre malade avant mon rendez-vous marketing chez Boots ». Je glisse le cahier sous mon oreiller. Ce n'est pas par hasard si ma chambre ressemble à – je cite maman – « un dépotoir à déchets radioactifs ». Du coup, elle n'y met jamais les pieds !

Le lendemain matin, je la trouve en train de tournicoter dans la cuisine. Elle prend deux précieuses minutes dans sa journée chargée pour boire une tasse de café soluble.

— Alors, tu as des projets pour le week-end, Scarlett ? me demande-t-elle.

— Euh (mon cerveau calcule à toute vitesse les probabilités de lui fournir un sujet à traiter sur son blog selon que je réponds par «oui» ou par «non». Je choisis la prudence)... Pas vraiment. J'ai des devoirs à faire.

— Kelsie est allée à un anniversaire ce matin et j'ai un *guest* post à écrire. Tu peux aller chez Stacie ?

— Elle est chez sa grand-mère.

Je mens. Stacie était ma meilleure amie l'an dernier, avant l'histoire avec Gretchen et Alison. Jusqu'au jour où maman a écrit un billet intitulé «Psst... vous voulez que je vous confie un secret ? La meilleure amie de ma fille n'est pas une lumière». Et alors, tiens donc, surprise ! Stacie ne m'a plus jamais adressé la parole. Par chance, elle va dans un collège privé maintenant et je ne la croise plus très souvent.

— Ah bon, c'est chouette.

Maman repose sa tasse pour fouiller dans le frigo. Elle sort une part de pizza froide et commence à la grignoter.

— Et comment ça se passe au collège ? Tu t'es inscrite à un nouveau club ?

— Non.

J'attrape une boîte de céréales. J'en verse dans un bol puis je reste bêtement assise à les regarder. Maman secoue la tête en faisant claquer sa langue.

— Je ne sais pas quel est ton problème, Scarlett. Moi, à ton âge, j'avais plein d'amis. Je faisais de la natation, du netball et...

Je coupe le son, je connais la chanson. Je me souviens d'un post complètement niais, « Un jour, j'ai eu ton âge... », dans lequel elle parlait de l'époque d'avant les portables, les iPads et Snapchat, quand, avec ses copines, elles se faisaient passer des petits papiers en classe et discutaient des garçons. Il lui a valu à lui seul plus de trois cent cinquante commentaires attendris de ses *followers*. Heureusement, elle ne peut pas aborder deux fois le même sujet.

— Oui maman, je sais. Mais je suis sûre que l'université d'Oxford se passera très bien de moi.

Je me force à manger une cuillerée de céréales. J'ai l'impression de mâcher du carton bouilli.

Maman fronce les sourcils.

— Dans ce cas, si tu n'as rien de spécial à faire, tu peux te charger d'une ou deux courses pour moi ?

— Oui, si tu veux.

Je m'approche de l'évier avec mon bol.

— Scarlett, tu n'as pas touché à tes céréales. Quelque chose ne va pas ?

— Non. Je n'ai pas faim, c'est tout.

Elle penche la tête, les yeux plissés.

— Tu n'es pas anorexique au moins ?

— Non maman. C'est juste que les céréales sont un peu rassies.

— Oh. Si tu le dis.

Elle jette le bord de la pizza à la poubelle et remet la bouilloire à chauffer. Pendant qu'elle a le dos tourné, je ressors le morceau de pâte grillée et je le glisse discrètement dans le bac de compost.

— Mais tu n'arrêtes pas de grandir. À l'adolescence, on doit surveiller son taux de glycémie.

Je vois les engrenages tourner à plein régime dans son cerveau : idée pour un nouveau post = « Ma fille est-elle anorexique – ou juste têtue comme une mule ? »

— D'accord maman. Je mangerai un bout plus tard.

Je monte dans ma chambre et je tire le petit cahier de recettes de sous mon oreiller. Je relis l'inscription sur la première page : « Pour mon petit chef en herbe – puisses-tu trouver l'ingrédient secret ».

Je me demande ce que ressentait le « petit chef » – une fille ou un fils, je suppose – lorsqu'il apprenait à cuisiner et à préparer des plats délicieux avec sa maman. Une chose est certaine : ce n'est pas *ma* mère qui ferait une chose pareille.

Je feuillette la partie sur les comptines et les chansons. Elles accompagnent des recettes de tartes, de cakes et de pains d'épice. Je souris en lisant « Savez-vous planter les choux ? » et « Une poule sur un mur ». Il y a quelques recettes basiques : les p'tits cocos de la Poule Grise ou *Il était une bergère*... et son gratin de pâtes aux quatre fromages. Je tombe sur un ABC des épices. La plupart me sont totalement inconnues. Beaucoup d'ingrédients me mettent l'eau à la bouche : crème au beurre, gingembre, sirop de cassonade, cacao et sucre en poudre. Les scones à la cannelle sont particulièrement appétissants. Un dessin tracé au stylo et colorié aux crayons représente des petits gâteaux en forme de triangles, dodus et fumants, dans un panier garni d'un tissu vichy à carreaux rouges et blancs. J'en salive rien que d'y penser. Si je pouvais essayer une seule recette, je choisirais celle-là.

Mais je ne peux pas. Pas ici à la maison. Maman le saurait.

Je vais devoir trouver une autre solution.

7
Chez la voisine

Tout est calme dehors quand je sors de chez moi. Je remonte le chemin de pierre envahi par les herbes jusqu'à la porte de Mme Simpson. Je me répète que je ne fais rien de mal – après tout, je ne viens pas pour lui voler quoi que ce soit. Elle est à l'hôpital, son animal domestique a besoin d'être nourri et je dois rendre le cahier de recettes. Franchement, il n'y pas de quoi fouetter un chat. Et si d'aventure Mme Simpson était déjà de retour, je lui expliquerais que je m'inquiétais pour son compagnon à fourrure.

Personne ne répond quand je toque à la porte. La clé est toujours sous le paillasson. Après avoir jeté un petit coup d'œil alentour pour m'assurer que personne ne m'observe, je pénètre dans la maison de Mme Simpson.

Comme la veille, j'aperçois d'abord deux yeux jaunes qui brillent dans l'obscurité. On dirait des lunes jumelles. Le chat miaule avec impatience. Il a l'air de me reprocher mon retard.

— Salut. Tu es encore tout seul, toi?

Sa queue ondule mollement. Il se lève et m'entraîne vers la cuisine.

Je me retrousse les manches. Au travail! J'essaie de repérer tous les ustensiles dont je vais avoir besoin pour mettre mon plan à exécution. Si j'hésitais encore avant d'entrer ici, je suis maintenant archi-motivée. C'est décidé: je vais cuisiner quelque chose. J'ai mon petit recueil de recettes très spécial, la cuisine idéale – il n'y a plus qu'à!

J'ouvre les placards un par un. On se croirait dans le rayon pâtisserie d'un supermarché. Il y a des dizaines d'herbes et d'épices en boîtes ou en flacons soigneusement étiquetés. Même chose pour les paquets de farine – j'ai le choix entre farine de sarrasin, d'épeautre, farine complète maltée ou meulée à la pierre. Idem pour le sucre: cassonade, sucre blanc en poudre, sucre glace, muscovado... Je n'aurais jamais deviné qu'il en existait autant de sortes différentes. C'en est presque décourageant. Le félin se frotte contre ma jambe.

— D'accord, d'accord, j'ai compris. Tu as faim.

J'ouvre le placard devant lequel il s'est assis et tombe sur une réserve impressionnante de nourriture pour chat. En continuant de fouiner, je trouve un ouvre-boîte dans un tiroir ainsi qu'un assortiment complet d'ustensiles de pâtisserie et d'appareils électriques. Je n'ai pas la moindre idée de l'usage qu'on peut en faire, pour la plupart. Certains ressemblent à des instruments de dentiste – j'en ai la chair de poule.

Pendant que le chat ronronne de satisfaction, la tête plongée dans son bol, je sors le cahier de recettes et je le repose sur son petit chevalet. Comme par magie, il s'ouvre sur la page des scones à la cannelle. Je lis les instructions : mélanger ensemble tous les ingrédients, abaisser la pâte sur un centimètre d'épaisseur et y découper des triangles ; les saupoudrer de cannelle et de sucre. Ensuite, ils doivent gonfler dans le four. À première vue, la recette n'a rien de sorcier, mais je ne peux pas m'empêcher d'être nerveuse.

Qu'est-ce qui m'a pris de rentrer en douce chez Mme Simpson pour utiliser ses affaires ? Et est-ce que je suis seulement capable de cuisiner quoi que ce soit ? Je n'ai essayé qu'une fois. Je voulais faire une surprise à maman et je lui avais préparé un gâteau pour son anniversaire. J'avais acheté une préparation en sachet. Mais je manquais d'œufs, et mon beurre était dur comme la pierre si bien qu'au bout du compte, ma pâte était farineuse et pleine de grumeaux. Pour finir, je l'ai laissée trop longtemps dans le four. Le gâteau est ressorti grillé, avec des flammes qui jaillissaient de la croûte. Je l'ai vite jeté à la poubelle avant que maman le voie. Elle n'a jamais rien su.

Je prends une grande inspiration pour me donner du courage. Quitte à être ici, autant me lancer. La plupart des ingrédients – farine, beurre, levure chimique et sel – sont déjà sur le plan de travail, à côté d'un pot de cannelle de Ceylan. Étrange, je ne les ai pas remarqués hier soir... On dirait que Mme Simpson était sur le point de préparer des scones. Je réprime un frisson. J'ai l'impression qu'elle est là, avec moi, dans la cuisine, à regarder par-dessus mon épaule en vérifiant que je ne fais pas de bêtise. Je jette un coup d'œil derrière moi. Évidemment, il n'y a personne. Tout semble normal. Je murmure entre mes dents :

— Pff... que tu es bête.

Son repas terminé, le chat se couche dans son panier à côté de la cuisinière et se lèche les pattes. Je me lave les mains moi aussi et j'attrape un tablier imprimé à fleurs pendu à un crochet près du frigo.

Je le passe par-dessus ma tête et je l'attache autour de ma taille. Voilà, je suis prête.

Je n'ai jamais été du genre à aimer patouiller dans le sable, faire des gâteaux de boue ou de la peinture avec les doigts. Bref, à me salir en général. Alors je suis d'autant plus surprise de prendre autant de plaisir à mesurer des ingrédients qui, pris séparément, ne ressemblent à rien, à les mettre dans un saladier et à touiller. Le chat m'observe d'un œil depuis son panier.

Au début, la pâte est grumeleuse et sèche, et mes angoisses reviennent : j'ai dû rater une étape. J'hésite à ajouter du lait mais je décide de faire confiance à la recette. Je continue de remuer. L'odeur de cannelle me fait tourner la tête et, je ne sais pas pourquoi, je me sens heureuse et calme comme je ne l'ai pas été depuis des lustres. Quand le mélange est enfin compact et lisse, je saupoudre un peu de farine sur le plan de travail pour l'étaler au rouleau.

C'est à ce moment-là qu'une catastrophe se produit. Quelqu'un sonne à la porte et introduit une clé dans la serrure.

8
Le goût de la cannelle

On entre ! Paniquée, je regarde autour de moi. Je pourrais me sauver par la porte de derrière mais je resterais piégée dans le jardin. En plus, la cuisine est en pagaille – pas besoin d'être un génie pour comprendre ce que j'y fabriquais. Le chat saute de son panier comme s'il voulait me couvrir. J'enlève le tablier et je commence à nettoyer, même si je suis consciente que ça ne servira pas à grand-chose. J'entends une voix féminine :

— Écoute, je regrette que tu t'ennuies mais je n'ai pas le choix. Tu avais dit que tu voulais venir. La prochaine fois, reste à la maison.

La réponse est couverte par le claquement de la porte d'entrée et la chute d'un objet (un sac à main ?). Des talons aiguilles cliquettent dans l'entrée. Je cherche un endroit où me cacher. Le placard à balais ? La cheminée ? L'intérieur du four ?

Quelqu'un tourne la poignée de la porte de la cuisine. Je reste plantée là, paralysée, le cœur battant. Le chat se dresse à côté de moi, les poils du dos hérissés. L'intrus pousse le battant et… je me retrouve nez à nez avec la dernière personne que je m'attendais à croiser ici.

Violet.

— Oh, tu m'as fait peur! dit-elle en sursautant. Je ne savais pas qu'il y avait quelqu'un.

J'affiche un sourire crispé.

— Euh, oui… En fait, j'étais juste… en train de…

— Violet? À qui parles-tu?

Je pointe l'index vers le chat d'un air affolé.

— Juste à un chat, Tante Hilda.

Elle fait semblant d'éternuer pour donner le change.

— OK, répond sa tante. Je commence par l'étage. Ne touche à rien, d'accord?

— D'accord.

À mesure que les talons hauts montent l'escalier, mon pouls se calme un peu. Je ne suis plus au bord de la crise cardiaque, j'ai juste l'impression d'avoir piqué un petit sprint.

— Merci Violet.

— Qu'est-ce que tu fais ici? me demande-t-elle en regardant le bazar que j'ai mis dans la cuisine.

J'avoue d'un air penaud :

— J'étais en train de préparer des scones. À la cannelle.

— Ça sent bon, déclare-t-elle en reniflant les arômes qui flottent dans la pièce. Il y a quoi dans tes scones, à part de la cannelle ?

— Du beurre, de la farine, du sucre…

— Miam ! Tu n'habites pas ici pourtant ? Ma tante m'a dit que la maison appartenait à une vieille dame.

— Mme Simpson. Rosemary. C'est ma voisine. J'habite juste à côté.

— Oh. Elle est gentille de te prêter sa cuisine.

— Euh… oui.

— Violet ? Tu m'as parlé ? crie sa tante.

— Non non !

— Il ne me reste plus qu'à voir la…

Elle apparaît soudain dans l'encadrement de la porte. Le cliquetis de ses talons s'interrompt brusquement. Elle a environ le même âge que maman. Elle semble très grande perchée sur ses escarpins, et ses cheveux sont d'une magnifique couleur bleu nuit – un point commun avec sa nièce. Elle porte un tailleur gris impeccable et un foulard à imprimé fleuri.

— … cuisine, finit-elle.

Elle reste bouche bée quelques instants.

— Wouah. Elle est… immense. Quel espace fantastique ! Et visez-moi un peu ce fourneau à l'ancienne. Il est gigantesque.

Elle désigne la cuisinière en fonte, qui a la taille d'une petite voiture. Je ne peux qu'acquiescer :

— C'est vrai qu'il est énorme.

Ses yeux se posent sur moi.

— Qui es-tu ?

— Je suis Scarlett. La voisine. Je… hum… je suis venue nourrir le chat.

Elle repère les traces de farine et les saletés éparpillées un peu partout, par terre et sur le plan de travail.

— Il n'y a pas que le chat qui se nourrit, dit-elle les sourcils froncés. Si tu es entrée sans permission, je te conseille de déguerpir avant l'arrivée de M. Kruffs.

— M. Kruffs (le nom m'est vaguement familier) ? C'est qui ?

Elle me toise longuement des pieds à la tête, comme si elle n'était pas certaine que je mérite d'entendre la réponse.

— Emory Kruffs, le candidat des législatives, m'explique-t-elle en examinant la cuisinière de plus près. Tu as dû voir son nom sur les affiches de campagne.

— Possible.

— Je suis agent immobilier, et il m'a demandé d'estimer la maison. On a rendez-vous ici.

— Elle lui appartient ?

— Pas exactement. Je crois qu'il est le neveu de la propriétaire.

— Elle s'appelle Rosemary Simpson. Vous savez si elle va bien ?

Hilda hausse les épaules.

— Aucune idée, je regrette.

D'un ton assuré, je tente de me justifier :

— Il faut bien que quelqu'un nourrisse le chat en attendant qu'elle revienne. Ce serait dommage qu'il meure de faim. Et puisque je vis à côté...

— Le chat, bien sûr... Je comprends l'idée mais ça m'étonnerait que M. Kruffs soit content de trouver un tel désordre chez sa tante... Il vaudrait mieux qu'il ne te surprenne pas ici.

— J'allais m'en aller de toute façon. Enfin... presque. Je n'ai plus qu'à découper les scones et à les mettre au four. Et puis aussi à les ressortir après cuisson, bien sûr. Ça ne vous dérange pas ?

— Cool ! s'exclame Violet. Je peux rester ?

Un bip sonore retentit et nous sursautons. Un texto. Tante Hilda sort son BlackBerry et fixe l'écran.

— Il faut croire que c'est ton jour de chance : M. Kruffs vient d'annuler le rendez-vous.

On échange un sourire, Violet et moi, pendant que Tante Hilda jette un coup d'œil à sa montre.

— Bon. Je vais terminer mon tour et ensuite j'écrirai un brouillon de message au sujet de l'estimation. La cuisine a intérêt à être nickel quand vous aurez terminé, les filles.

Elle part s'installer au salon, où elle allume une petite lampe. Je me tourne vers Violet.

— Je suis contente que tu sois là. C'était un peu flippant de rester ici toute seule. Imagine que ce M. Kruffs ait déboulé !

— Avec plaisir ! En plus, je m'ennuyais. Et puis j'ai toujours aimé les scones. Tu voudras bien partager, Scarlett... ?

Elle me regarde avec un grand sourire. Je réponds sur le ton de la plaisanterie :

— Hmm... Je vais y réfléchir.

Ma pâte répand une odeur délicieuse. Je prends la boule molle entre mes mains, la pose sur le plan de travail et l'étale délicatement. Le rouleau colle, alors je saupoudre un peu de farine, comme une pro. Violet semble impressionnée.

— Ta mère t'a appris à cuisiner?

— Non.

Je me creuse la cervelle. J'aimerais ajouter quelque chose de vraiment classe, du style «ma grand-mère était finaliste dans *Le Meilleur Pâtissier*». Mais je ne veux pas mentir à Violet. Je lui montre le cahier de recettes.

— En fait, c'est ma première fois. J'apprends toute seule.

Gênée, je me détourne et je me concentre sur la découpe des triangles. Je vérifie une dernière fois la recette et je saupoudre sur la pâte un mélange de cannelle et de sucre qui dégage un parfum très agréable.

— Non, tu me fais marcher! s'écrie Violet épatée. On dirait que tu as fait ça toute ta vie!

Je me redresse.

— Tu as raison, j'exagère. En réalité, j'ai déjà fait griller des toasts avec du fromage. Ça compte?

— Ben oui! Moi, je suis incapable de faire griller du pain sans le faire brûler.

— Et moi, je sais à peine brancher le grille-pain.

On éclate de rire toutes les deux. Pourtant ma blague n'est pas très drôle. Je manque tellement de pratique que je commence à avoir un point de côté. J'ai l'impression que c'est pareil pour Violet.

Elle m'aide à former le reste des scones et nous les plaçons sur une plaque de cuisson préalablement beurrée. Pendant que nous travaillons, je lui raconte toute l'histoire, épisode par épisode – le passage de l'ambulance, le cri du chat dans la nuit, mon irruption dans la maison de Mme Simpson, la découverte de la cuisine et du cahier de recettes très spécial.

— Je ne me serais jamais doutée qu'il existait une pièce comme celle-là de l'autre côté du mur.

— Cette cuisine est géniale.

Elle attrape le cahier et le feuillette.

— Je n'en reviens pas que quelqu'un ait pris le temps d'écrire tout ça à la main.

— Ouais. Je me demande qui était le « petit chef ».

Violet lit la dédicace à l'intérieur de la couverture.

— Et l'ingrédient secret, à ton avis, c'est quoi ?

— Je n'en sais rien.

Elle revient à la page des scones.

— Je comprends pourquoi tu voulais essayer cette recette en premier. Ces scones ont l'air succulent.

Des rides de concentration me barrent le front. Nous avons fini de découper les gâteaux, et je ne peux pas repousser plus longtemps le moment que je redoutais. Il est temps d'affronter la cuisinière.

D'un ton dégagé, je demande :

— Tu as déjà utilisé ce genre d'appareil ?

— Tu rigoles ? Je crois bien que je n'en avais jamais vu avant.

Nous ne pouvons pas nous empêcher de pouffer, pour changer.

Violet m'aide à porter les plaques de cuisson. J'ouvre une des portes en fonte et je scrute l'intérieur du monstre. Heureusement, j'aperçois des rails sur les côtés. En fin de compte, derrière sa façade intimidante, la cuisinière ressemble à un four normal.

— Regarde : il y a un bouton pour la température. Je règle à combien ? demande Violet.

Je repose les plaques, le temps de consulter la recette.

— À 220 degrés (j'omets de préciser qu'on aurait dû préchauffer le four. Tant pis. Ne gâchons pas ce beau moment). Ils devraient être prêts dans une vingtaine de minutes.

— J'ai hâte d'en goûter un.

Mon estomac gargouille, l'air de dire « moi aussi ».

9
Le parfum de l'enfance

Lorsque je rentre chez moi, je suis surprise de voir maman assise à table en train d'aider Kelsie à faire ses devoirs de lecture.

— Où étais-tu? me demande-t-elle sans lever les yeux. Non, Kels, c'est un G: «grotte», pas «crotte».

— À la bibliothèque.

— Oh.

Au ton de sa voix, j'ai l'impression qu'elle est déçue. Elle espérait quelque chose de plus croustillant à partager sur son blog. En revanche, je parie que ses lecteurs vont adorer la confusion de ma sœur entre «crotte» et «grotte».

— Bon, la prochaine fois, préviens-moi. D'accord?

— D'accord.

— Et j'espère que tu as faim parce que j'ai fait un gratin de macaronis. Je l'ai laissé sur les plaques de cuisson.

— Ah bon ?

Je hausse un sourcil. Je suis rassasiée car je viens de déguster les scones à la cannelle les plus parfumés, moelleux et dodus que j'aie jamais mangés (et encore moins confectionnés) de ma vie, mais je regrette un peu d'avoir manqué un repas qui, chez nous, sort de l'ordinaire.

— Je vais le goûter. Désolée, je ne savais pas que tu avais prévu de cuisiner.

— Ce n'était pas prévu. Moi, cuisiner ? Ah, ah ! Mais il s'est passé quelque chose de très étrange...

— Quoi ?

— J'étais dans mon bureau, et tout à coup, j'ai senti cette odeur. Une épice – de la cannelle peut-être. Cela m'a rappelé... eh bien, je ne sais pas trop quoi. Un parfum de mon enfance.

— De ton enfance ?

Je vais de surprise en surprise, même si j'essaie de garder une expression indifférente. S'il y a une chose dont maman ne parle jamais, ni dans la vie ni sur son blog, c'est bien de son enfance, jusqu'à ses années d'adolescence en tout cas. J'en viens parfois à me demander si elle a eu mon âge.

Elle hausse les épaules.

— J'imagine qu'une voisine devait cuisiner. Soudain, j'ai eu la sensation d'être de retour dans la cuisine de ma grand-mère. Il paraît que l'odorat est fortement lié aux émotions et à la mémoire, tu le savais?

Elle fixe la cuisinière en silence.

— Intéressant. Elle était comment, ta grand-mère? Tu n'en parles jamais.

Elle cligne des yeux puis balaie ma question d'un revers de la main.

— Oh, je ne sais pas. Mon nez est super sensible aujourd'hui. À croire que je suis enceinte!

Elle se lève et allume la bouilloire. Je la vois se tordre les mains. Je connais bien ce geste, il signifie «je viens de trouver une idée géniale pour mon blog».

— Quand vous étiez dans mon ventre, ta sœur et toi, je passais mon temps à vomir. Ça a duré neuf mois, les deux fois. J'avais sans arrêt un goût de sel dans la bouche et une odeur de... crotte de chien dans le nez!

— Maman, tu as dit «crotte»! s'exclame triomphalement Kelsie.

— Oh pardon, je voulais dire «grotte», bien sûr!

Kelsie et elles se mettent à glousser. Même moi, je n'arrive pas à réprimer un sourire, bien qu'on soit toutes les trois trop vieilles pour ce genre de blagues. Je me sers une petite part de gratin en repensant à ce que ma mère vient de dire à propos des odeurs de cuisine qui traversent le mur. C'est bizarre. Avant son accident, Mme Simpson devait cuisiner tout le temps, et on ne s'en était jamais rendu compte.

Sitôt attablée, je prends une bouchée. Je manque de m'étouffer tellement je suis étonnée.

— Maman, c'est trop bon !

— J'ai préparé la sauce moi-même.

— C'est vrai ?

Elle plisse les yeux.

— Ne fais pas cette tête, Scarlett. Tout ne sort pas du micro-ondes, figure-toi.

Ce soir-là, allongée sur mon lit, le regard rivé sur les étoiles fluorescentes collées au plafond, je réfléchis à tout ce qui est arrivé depuis deux jours – des miaulements de détresse du chat à la sauce maison de maman, en passant par la rencontre inattendue avec Violet. Quand je me remémore le goût doux et réconfortant de nos scones, j'en ai l'eau à la bouche. Comme j'avais oublié de préchauffer le four, nous avons dû attendre beaucoup plus longtemps que prévu. J'ai eu peur qu'ils brûlent. Mais quand nous les avons sortis, ils étaient superbes et bien dorés sur le dessus. Pour moi, ils étaient parfaits, un vrai régal pour les yeux et les papilles. Violet a pris des photos avec son téléphone.

Nous en avons mangé deux chacune, et la tante de Violet, un. J'ai enveloppé les autres et je les ai mis dans une boîte en plastique – ils sont toujours en bas dans mon sac. Il y en a quatorze en tout. Ce n'était pas très gentil de ne pas les partager avec Kelsie et maman. J'avoue que je culpabilise un peu. Mais je ne veux pas leur expliquer d'où ils viennent.

Quand j'entends la porte de la chambre de maman se fermer, je descends au rez-de-chaussée sur la pointe des pieds, je déballe les scones et j'en pose deux sur une assiette que je laisse en évidence sur la table de la cuisine. Maman et ses *followers* vont se creuser la tête pour essayer de deviner qui les a faits. Ils n'auront jamais l'idée de les attribuer à l'ennuyeuse Scarlett. Je retourne me coucher et je m'endors paisiblement en respirant l'odeur fantôme de la cannelle.

10
Une grosse cuillerée de larmes

Le lendemain matin, les scones ont disparu. Il ne reste plus qu'une poignée de miettes sur la table. La porte de l'Antre de maman est fermée.

La journée s'écoule lentement. C'est un dimanche ordinaire : maman travaille, je joue avec Kelsie, on avale un repas réchauffé en vitesse au micro-ondes puis maman s'endort sur le canapé… Avant le goûter, je me faufile dans la maison de Mme Simpson afin de nourrir son chat. Je suis mal à l'aise ici toute seule. Et si son neveu avait discuté avec la tante de Violet et décidait subitement de débarquer ? Je sors discrètement en me demandant si j'aurai le courage de revenir utiliser la cuisine. Les scones resteront-ils à jamais notre première et dernière tentative ?

Le lendemain matin, maman est levée et déjà enfermée dans son bureau quand je descends l'escalier. Je l'entends parler à quelqu'un au téléphone d'un ton animé. Je me prépare pour l'école puis je m'occupe de Kelsie. Lorsque nous sommes prêtes à partir, elle n'est toujours pas sortie. Je suis un peu triste qu'elle ne prenne même pas la peine de nous dire au revoir. Mais quand j'attrape mon sac rempli de scones, je me sens tout à coup mieux.

Juste avant le début des cours, Violet me rejoint dans le hall.

— Tu les as? chuchote-t-elle la main devant la bouche.

Gretchen et Alison, plantées quelques pas derrière elle, regardent dans notre direction. J'en frémis d'orgueil.

— Oui. J'en ai donné deux à maman. Mais j'ai le reste sur moi. Tu veux en manger un?

— Plus tard, répond-elle en prenant un air de conspiratrice. J'ai une idée.

— Laquelle?

— Tu verras. Laisse-les-moi. Et viens à la cantine à midi, OK?

Un signal d'alarme s'allume dans un coin de ma tête mais je choisis de l'ignorer.

— OK.

À midi, quand j'entre dans la cantine, j'ai l'estomac complètement noué. Sur une table au centre de la salle, j'aperçois un grand panier de Pâques rose et violet avec un carton scotché sur l'anse : SERVEZ-VOUS ! Quelques camarades s'approchent et se penchent dessus avec curiosité.

Je suis tellement angoissée que j'en ai presque la nausée. Je m'installe près de la porte et j'observe le flot continu des élèves qui vont piocher dans le panier. Au bout de quelques minutes, Violet vient s'assoir à côté de moi.

— Alors, qu'est-ce que tu dis de ma surprise ? chuchote-t-elle.

Je me lève.

— Euh... On se voit tout à l'heure. Je suis convoquée par Mlle Carver à propos d'un devoir.

Le sourire de Violet s'efface.

— Qu'est-ce que tu as ?

— Rien. Euh... Personne ne sait que je t'ai aidée à faire les scones, hein ?

— Non. Mais où est le problème ? Tout le monde les adore.

Il y a maintenant un attroupement au centre de la salle. On dirait un essaim de guêpes autour d'un pique-nique. Des élèves dont je suis certaine qu'ils ne sont pas spécialement copains bavardent entre eux. Ils se sont réparti nos douze scones et se partagent même les miettes. Le volume sonore n'arrête pas d'augmenter.

— Oui, c'est génial. Mais... tu pourrais éviter de mentionner mon nom ? Tu n'as qu'à dire que tu les as faits toute seule ?

Violet me regarde, les poings sur les hanches.

— Pour ton information, personne ne m'a vu les mettre. Je n'ai jamais eu l'intention de révéler qui les avait cuisinés. Je pensais que ce serait plus drôle si ça restait secret.

— Oh.

Je me sens trop bête. Je ne peux pas expliquer mes soucis à Violet – elle va me trouver complètement nulle.

— Qu'est-ce qui t'embête, Scarlett ?

— Rien.

Je tourne les talons et je m'enfuis de la cantine.

Je disparais en courant dans le couloir. Violet aurait pu devenir mon amie, et j'ai tout gâché. Pourquoi est-ce que je ne lui dis pas la vérité ? C'est encore la faute du stupide blog de ma mère. Je regrette maintenant que Violet m'ait surprise chez Mme Simpson. Pourquoi a-t-il fallu qu'elle accompagne sa tante ?

Pourquoi a-t-il fallu qu'elle débarque dans mon collège, pour commencer ?

Je rentre comme une furie dans les toilettes des filles et manque de renverser Gretchen et Alison qui passaient la porte en sens inverse.

— Hé, fais gaffe ! proteste Gretchen à deux doigts de perdre l'équilibre.

Je ne lui réponds pas et je vais m'enfermer dans un box.

— Ça va, Scarlett ?

Au ton de sa voix, elle semble presque inquiète.

— Allez, viens Gretch, dit Alison.

— Je crois qu'elle pleure.

— Non, je pleure pas !

— Bien sûr...

J'attends sans bouger qu'elles partent. Je sais que je ne me comporte pas de façon rationnelle. J'ai l'impression de flotter au-dessus de mon corps et d'observer une folle. Soudain, mon sang se glace. Et si Gretchen racontait à maman qu'elle m'avait vu pleurer comme un gros bébé ?

La porte des toilettes claque derrière moi. Le menton collé à la poitrine, je traverse le couloir en jouant des coudes et je quitte l'établissement.

11
Une pincée de secrets

Qu'est-ce que je fabrique? Je ne sais même pas où je vais. Je passe devant les magasins comme une flèche – un peu plus et je percute un vieux monsieur en train de traîner son caddie. Ensuite, je frôle la mort sous les roues d'un camion. Je l'évite vraiment de justesse. Heureusement pour moi, le chauffeur s'arrête en pilant au milieu du passage clouté. Je cours en direction de ma rue, mais au fond, je n'ai aucune envie de rentrer. Des titres d'articles tous plus horribles les uns que les autres défilent dans mon esprit : « Au secours ! Mon égoïste de fille a tenté de fuguer ! » Ou pire : « Au secours ! Ma fille s'est enfuie – manque de chance, elle est rentrée ! »

Essoufflée, je finis par m'arrêter. Je suis sur le palier de Mme Simpson. Je tire la clé de sous le paillasson et je rentre.

Le chat est là, juste derrière la porte. Je le prends dans mes bras et je sanglote dans sa fourrure noire. Il ronronne tout en balançant nerveusement sa queue. Je crois qu'il ne sait pas trop comment réagir.

— Pardon le chat. Tu as tes problèmes toi aussi, hein ?

Je l'ai à peine reposé par terre qu'il s'éloigne en se pavanant. Je le suis jusqu'à la cuisine. Là, dans l'atmosphère paisible de mon refuge, mon cœur se calme enfin. Le cahier de recettes est sur le pupitre, exactement où je l'ai vu pour la dernière fois. Par contre je ne reconnais pas la page. « Le flapjack des Trois Petits Princes ». Tiens, c'est curieux. J'étais pourtant presque certaine de l'avoir laissé ouvert à la recette des scones. Une illustration découpée dans un vieux livre montre un petit garçon avec une grande toque blanche de chef. L'image est entourée d'une bordure de tartes fumantes et de gâteaux décorés dessinés à la main.

Je feuillette le cahier en salivant. Comment choisir entre le pain d'épices d'Hansel et Gretel, la tarte aux fraises du Valet de cœur, la soupe de la Princesse au petit pois ou encore le *cottage pie* des Ogres ? Et puis, en fin de compte, je retourne à la recette du flapjack[2]. Je ne sais pas ce qu'il y a dedans – mais j'ai très envie de l'essayer.

Une nouvelle fois, presque tous les ingrédients nécessaires sont à portée de main. Je me demande s'il n'y a pas un lutin à l'œuvre dans cette maison. Je trouve deux tablettes de chocolat pâtissier belge sur le plan de travail. J'aurais juré qu'elles ne s'y trouvaient pas hier. C'est un peu étrange, mais autant en profiter. J'enfile un tablier, je me lave les mains et je me lance. Je pense même à préchauffer le four.

Le chat, tranquillement assis, me regarde travailler. Je commence par lire toute la recette avec attention pour savoir exactement ce qui m'attend. Ensuite, je mesure les ingrédients et je les verse dans une casserole. Beurre, sirop de cassonade, une bonne cuillerée de miel... J'ajoute le sucre, la cannelle et j'allume le gaz. Je chauffe la casserole à feu doux tout en mélangeant avec une cuiller en bois. Les couleurs se fondent en une spirale de teintes chaudes, brunes et or, veinée par le jaune vif du beurre. Le parfum épicé me monte immédiatement à la tête. C'est amusant de voir les différents éléments de la recette fusionner

---

2. Le flapjack est une épaisse galette à base d'avoine et de mélasse.

– ça paraît si naturel. Quand le mélange est uniforme et liquide, je retire le caramel du feu et j'y verse des flocons d'avoine. Les ingrédients s'agglutinent sur la cuiller. Je prélève un bout de la pâte avec mon doigt pour goûter. Elle a un goût sain, authentique, et elle fond sur la langue. Un délice !

Je suis si absorbée que je fais un bond d'un mètre en entendant la sonnette de la porte d'entrée.

Il fallait s'en douter, la chance ne dure qu'un temps. S'agit-il de M. Kruffs ou de la police ? Mon cœur s'emballe. Pour être honnête, j'ai surtout peur que le mélange sirupeux durcisse avant que j'aie le temps d'incorporer tous les flocons d'avoine.

Je fonce ouvrir la porte... et je tombe sur la dernière personne que je m'attendais à trouver ici après ma crise de nerfs au collège – Violet.

Et je suis très heureuse de la voir.

— Je peux entrer ? dit-elle.

— Bien sûr.

Je m'écarte pour la laisser franchir le palier. Elle pose son sac d'école et son panier de Pâques.

— Les scones ont eu beaucoup de succès. Ce petit goût de cannelle, c'est une tuerie. Au fait, personne n'a deviné d'où ils venaient !

— Tant mieux.

Je hoche la tête, mal à l'aise. Je n'aime pas trop l'idée que tout le collège parle de mes scones – c'est même exactement ce que je voulais éviter.

Je retourne à ma casserole et je recommence à touiller ma mixture.

— Qu'est-ce que tu prépares? demande Violet en suivant mes gestes par-dessus mon épaule.

— Un flapjack (j'agite une main poisseuse en direction du cahier). Nappé au chocolat.

— Miam.

Elle attrape une boîte que je n'avais pas remarquée derrière le pupitre et lit l'étiquette.

— Du caramel. J'adore le caramel. Et si tu en ajoutais un peu?

— Pourquoi pas. Tu peux me donner ce moule?

— Oui.

Elle me tend un moule à cake en métal de forme rectangulaire, que j'avais préalablement chemisé d'une feuille de papier sulfurisé. Je transvase mon mélange granuleux et je le lisse avec le dos de la cuiller en bois jusqu'à ce que la surface soit bien régulière.

— Il doit cuire combien de temps?

Je consulte le cahier.

— Vingt-cinq minutes.

Violet ouvre le four, règle la minuterie, et j'enfourne le plat.

— Tu veux du thé en attendant ? me propose-t-elle. Au moins, je sais faire marcher la bouilloire.

— Oui, un thé, ce serait chouette.

Pendant que je me lave les mains au-dessus de l'évier, Violet remplit la bouilloire et l'allume. Je trouve le placard où Mme Simpson range ses mugs. Je les trouve très jolis. Ils sont en grès, de toutes les couleurs, certains unis, d'autres à pois ou à rayures. J'en choisis un violet pour Violet et je prends un bleu pour moi. Elle termine de préparer le thé et l'apporte à table. Nous nous asseyons face à face.

— Violet, je suis désolée pour tout à l'heure. C'est juste que... eh bien (les mots restent collés contre mon palais)... Il y a tellement de trucs...

— Pas de souci. C'est moi qui devrais m'excuser.

Un silence chargé de non-dits plane entre nous – c'est un de ces moments bizarres où on sait exactement ce que pense l'autre sans avoir besoin de le formuler. Et puis Violet finit par poser la question que je craignais :

— Alors tu es vraiment la fille de cette blogueuse ?

— Ouais.

Cette blogueuse. Tout est dit.

— Je n'avais jamais entendu parler du blog avant que Gretchen me le montre. D'après elle, vous étiez copines jusqu'à ce que tu te mettes à la snober quand ta mère est devenue célèbre.

— Quoi (je la dévisage, sidérée)? Moi, je l'ai snobée?

— Je lui ai répondu que tu ne me donnais pas du tout l'impression d'être du genre crâneuse. Et j'ai lu quelques notes du blog.

— Ah bon?

Mon corps se contracte malgré moi. Elle poursuit, la mine grave:

— Ta mère ne mentionne jamais ton nom. Mais tout le collège est au courant. Je n'en revenais pas qu'elle écrive des trucs aussi personnels sur toi – l'histoire des sous-vêtements blancs mélangés aux chaussettes noires dans la machine à laver, la fois où tu as refilé des poux à toute la famille, les pipis au lit jusqu'à l'âge de huit ans... À ta place, je me sentirais...

— Comment?

— Gênée. Et un peu triste aussi.

Elle m'arrache un sourire fragile. Subitement, je décide de lui raconter combien la situation est «gênante» et «triste» pour moi au quotidien. Je lui parle dans le désordre de la victoire *online* que ma mère a remportée sur mon père, de Stacie, de la façon dont je me suis aperçue que Gretchen et Alison balançaient des infos tout en faisant semblant d'être mes amies, du violon, des claquettes et du kit de survie pour mamans débordées... Je lui explique que l'article le plus populaire de maman à ce jour s'intitule «Top ten des raisons pour lesquelles je regrette d'avoir eu des enfants». Et moi dans tout ça? Quand j'ai enfin vidé mon sac, une grosse larme tombe dans mon mug de thé tiède.

Elle pose une main sur mon bras.

— Je te promets que je n'ai rien dit à personne à propos des scones, Scarlett. Juré. Pourtant... j'en avais envie. Parce que tu aurais le droit de t'en attribuer le mérite.

— Je sais que ma réaction est nulle. Mais je ne veux pas que quoi que ce soit – *quoi que ce soit* – arrive aux oreilles de maman. Je ne supporte pas qu'elle écrive des choses sur moi. Je (je m'interromps, la voix coupée par un sanglot)... Je déteste ça. Toutes les semaines, quand elle met le blog à jour, j'ai envie de disparaître sous terre.

— Tu le lui as dit?

Je saisis à cet instant que, malgré ses efforts, Violet ne me comprendra jamais.

— Oui, j'ai essayé. Je lui ai expliqué que tout le monde se moquait de moi à cause de ses posts. Que je n'avais plus d'amis et que je ne voulais plus rien faire si elle devait s'en servir après pour ses articles.

— Comment elle a réagi ?

— On a eu une « conversation » à ce sujet. Elle m'a donné son point de vue – à savoir qu'elle travaille vraiment dur pour que son blog marche, obtienne des annonceurs, nous fasse vivre toutes les trois, etc. Elle tient à garder un travail qui ne l'oblige pas à s'absenter toute la journée. Elle m'a montré des statistiques sur les visiteurs uniques et les mesures d'audience – je n'ai rien capté. Moi, je lui ai répondu que je la soutenais à cent pour cent dans ses choix et ses objectifs mais que parfois, les anecdotes qu'elle racontait me blessaient vraiment. Je croyais qu'on était arrivées à un accord. Je me suis sentie mieux pendant quelques jours. Jusqu'au billet suivant. Devine de quoi il parlait ?

— De votre discussion ?

— Bingo (je soupire) ! Le titre ressemblait à quelque chose comme « Les ados, ces ingrats ». Tu vois le topo ?

— Ouais.

— Alors, pour ne pas aggraver mon cas, je ne fais rien. Rien de rien. Finis les clubs, les loisirs, les amis. Elle peut exploiter mes ratages, pas mon ennui.

— Tu dois te sentir drôlement seule.

— Mouais, dis-je en haussant les épaules.

Son visage en forme de cœur s'illumine.

— C'est super que tu ne restes pas les bras croisés en tout cas. Tu cuisines maintenant !

Elle renifle l'air. Le parfum du flapjack se répand petit à petit dans la pièce. Je me penche en avant, le cœur serré par une inquiétude sincère.

— Violet, s'il te plaît. Je ne me lance pas dans une nouvelle activité. Impossible. J'entre en douce chez ma voisine pour me servir de ses affaires. Si maman s'en apercevait et qu'elle écrivait un billet dessus, je me ferais sans doute arrêter.

— Bon. Je n'en parlerai à personne – à une condition.

Son sourire devient malicieux.

— Laquelle ?

— Je veux cuisiner avec toi. On pourrait apprendre ensemble – juste toi et moi. Ce serait notre secret.

J'ouvre la bouche pour protester.

— Franchement…

Je pourrais avancer des milliers de bonnes raisons pour refuser. Mais l'enthousiasme de Violet est contagieux.

— Un club de cuisine ?

Je médite son idée en contemplant autour de moi cette incroyable cuisine.

— Ouais. Un club de cuisine *secret*. Entièrement anonyme. Le Club des Petits Chefs Anonymes ?

— Hmm (je me lève en entendant le four sonner). Tu me laisses un peu de temps pour y réfléchir ?

12
Un zeste d'amitié

Le flapjack a pris une couleur cuivrée. Je le sors vite du four avant qu'il ne brûle et je le pose sur une grille de refroidissement. Son délicieux parfum beurré embaume toute la maison. Puis nous préparons la prochaine étape. Violet ouvre la boîte de caramel et la verse dans un bol pendant que je fais fondre le chocolat au bain-marie.

— Je n'avais jamais été tentée de cuisiner avant, me confie-t-elle.

Elle consulte une note griffonnée en marge de la recette puis ajoute une pincée du sel au caramel.

— Chez nous, c'était toujours ma mère qui cuisinait. Je me disais que j'aurais tout le temps d'apprendre…

Sa voix s'éteint. Je m'interromps, la cuiller à la main, et je lui jette un coup d'œil en biais. Elle se mordille la lèvre. Quand elle s'aperçoit que je la regarde, elle se force à sourire mais ses yeux sont tristes. Elle continue de remuer le caramel avec une expression absente. Alors que j'hésite à lui demander ce qui ne va pas, je remarque que le chocolat a fini de fondre et je le retire du feu.

— Vite, il faut se dépêcher sinon il va durcir. Toi, d'abord.

Nous apportons chacune notre récipient à table. Mon gâteau a légèrement tiédi. Violet étale le caramel sur le dessus et le lisse soigneusement. Dès qu'elle a terminé, je me presse d'ajouter une couche épaisse de chocolat. Pour finir, Violet retourne sa cuiller et se sert du manche pour tracer des lettres dans le nappage :

Le Club des Petits Chefs Anonymes

Elle me la tend et je souligne les mots d'une arabesque. Voilà, c'est officiel, nous venons de créer notre club. L'ambiance solennelle est rompue par les gargouillis de mon estomac.

— Il est appétissant. J'ai hâte de goûter.

Après avoir rangé les ustensiles, nettoyé et attendu que le chocolat se soit un peu solidifié, je coupe deux carrés et je les sers sur un service en porcelaine orné de jolies roses. Nous trinquons avec nos mugs puis nous prenons une première bouchée de gâteau.

— La vache ! s'exclame Violet. C'est trop bon.

— Délicieux.

Je me retiens de fanfaronner. Le gâteau est croustillant et fondant à la fois, on sent bien le caramel et le chocolat. J'ai déjà mangé plein de flapjacks – ceux qui sont vendus sous cellophane au supermarché. Le mien n'a rien à voir. Il est fait maison, ce qui change tout. Et c'est *moi* qui l'ai confectionné, en personne. Enfin, *nous*. Je mâche lentement un deuxième petit bout. Je suis si fière que j'ai presque envie de le dire à maman. Presque.

Je lèche le filet de chocolat qui coule sur mes lèvres.

— Qu'est-ce qu'on fait du reste ? On ne peut pas tout manger.

— Oh, ne me provoque pas, tu ne sais pas de quoi je suis capable ! plaisante Violet (elle réfléchit, l'air un peu embêté). À toi de décider.

— Non, à *nous*. Nous formons un club maintenant.

Comme je savoure ce mot – « nous » ! Violet reste pensive.

— Je sais que ça ne te plaît pas beaucoup. Mais moi, j'ai vraiment adoré distribuer des parts gratuites à la cantine. Bizarrement, je trouve que ça a rendu tout le monde plus sympa.

— Ah bon ?

— Oui. Si on recommence, on précisera que les gâteaux sont offerts par le Club des Petits Chefs Anonymes (elle s'essuie le menton). Ça donnera l'illusion qu'on est nombreux.

— On présenterait le club comme un réseau clandestin avec plein de membres qui cuisinent à tour de rôle ?

— Ce serait top, non ? s'écrie Violet l'œil pétillant de joie. Surtout si les gens aiment vraiment nos gâteaux. De toute façon, ils ne peuvent pas être moins bons que les desserts de la cantine (elle tire la langue). Le riz au lait qu'ils nous servent tous les deux jours a le goût de vomi.

J'éclate de rire.

— Pas juste le goût, l'aspect aussi ! Avec tous ces grumeaux.

— Beurk ! s'esclaffe-t-elle. Alors, tu es d'accord ?

— Euh...

Je dois admettre que son plan est cool. Et si on peut rendre nos camarades plus sociables en augmentant leur taux de sucre dans le sang, pourquoi se gêner ?

— À moins que tu aies une meilleure idée ? dit-elle.

— Non. Mais il ne faudrait pas oublier Mme Simpson. À mon avis, elle ne doit pas beaucoup apprécier la cuisine de l'hôpital. On pourrait lui apporter une boîte de flapjacks ?

— Oui, je suis cent pour cent d'accord avec toi !

— Et moi, je soutiens ton projet pour le collège. À condition que tu me jures sur ta tête que personne ne saura que je suis impliquée.

— Ok. Je te le jure.

Sans prêter attention à nos paumes poisseuses, nous nous serrons la main pour sceller le pacte. Et pour célébrer l'événement, nous nous servons une deuxième part de gâteau et remplissons à nouveau nos mugs de thé.

— Euh... Violet (je la regarde en me léchant les lèvres) ? Je crois qu'on va être obligées de préparer une deuxième fournée.

13
Un cadeau anonyme

Violet et moi, nous préparons deux autres flapjacks en nous projetant déjà sur une troisième recette. On a l'impression que les possibilités sont infinies. Je suis contente d'avoir cette conversation avec une personne aussi motivée que moi. Pendant que j'étale la dernière couche de chocolat par-dessus le caramel salé, Violet s'approche de la table avec un petit pot.

— Regarde ce que j'ai trouvé : des violettes cristallisées. Ce sont de vraies fleurs, c'est marqué sur l'étiquette.

Le bocal est rempli de pétales violets scintillants enrobés de cristaux de sucre. Je plonge le nez à l'intérieur.

— Hmm ! Ils sentent bon. Tu veux en mettre ?

— Pourquoi pas ? Nos flapjacks auraient une tête plus sympa.

— OK. Allons-y.

Violet dessine un motif en spirale avec les fleurs. On dirait un tourbillon de poussière magique. Je ne sais pas si ce sera bon mais mon amie a un don pour la présentation.

Nous glissons quelques parts de flapjack pour Mme Simpson dans le panier de Pâques et, pour la cantine, nous remplissons une grosse boîte Pierre Lapin dénichée dans un placard. Enfin, j'emballe les deux derniers morceaux dans des feuilles d'essuie-tout pour qu'on puisse les ramener chez nous. Je laisse le petit cahier de recettes sur son chevalet – il a bien gardé notre secret jusqu'à maintenant et, de toute façon, il appartient à la cuisine de Rosemary.

Nous sommes en train de nettoyer quand une sonnerie étouffée nous fait descendre de notre petit nuage. Le portable de Violet. Elle consulte l'écran et retient son souffle.

— Il est déjà 7 heures. Je dois rentrer.

— 7 heures ?

Je n'en reviens pas. Qu'est-ce que je vais dire à maman ? La bibliothèque ferme à 5 heures. Des lettres d'enseignes lumineuses clignotent dans ma tête : « Psst... ma fille a disparu pendant deux heures. À votre avis, que faisait-elle ? a) elle fumait ; b) elle bécotait un garçon ; c) elle buvait ; d) elle piquait dans un magasin ».

Il va falloir que je trouve une autre idée.

Je me dépêche de finir la vaisselle pendant que Violet essuie le plan de travail. Nous étions comme envoûtées mais à présent, le charme est brisé. Un tas de problèmes auxquels je n'avais pas songés en profitent pour s'introduire insidieusement dans mon esprit. Si on refusait de nous laisser entrer à l'hôpital ? Si Mme Simpson était dans le coma – ou pire, morte ? Si quelqu'un nous surprenait dans la cuisine avec les flapjacks ? Si les violettes avaient un sale goût ? *Et si ? Et si... ?*

— Je ne suis plus très sûre d'avoir envie de suivre notre plan, Violet.

J'ai la sensation d'avoir la poitrine écrabouillée par un poing géant.

— Tout ira bien, ne t'inquiète pas. Je te le promets. Essayons au moins.

Je me force à respirer lentement.

— Bon. D'accord.

14
Une bonne tranche de rigolade

Rien à signaler à mon retour à la maison. Apparemment, maman n'a pas remarqué mon absence. Kelsie est assise devant la télé. Elle regarde *Princesse on Ice*, les yeux englués sur l'écran, de belles moustaches en chocolat au coin des lèvres. Il y a un paquet de gâteaux entamé à côté d'elle. La porte de l'Antre de maman est fermée. Je déballe le flapjack, le coupe en deux et mets les morceaux dans une assiette. Ensuite, je m'installe sur le canapé à côté de ma sœur et je mange un sachet de chips à la crevette.

Tandis que Kelsie me casse les oreilles en enchaînant les couacs sur le générique, maman entre comme un ouragan dans la pièce.

— Du flapjack ! s'écrie-t-elle. J'en ai rêvé toute la journée ! Enfin, je ne rêvais pas précisément de flapjack mais (elle écarte une mèche de cheveux sales qui lui tombe dans les yeux)... D'où sortent-ils ?

— Je les ai rapportés du collège. Il y a un nouveau club de cuisine qui distribue des parts gratuites.

— J'adore ces petits machins violets qui brillent, marmonne maman en dévorant sa part à belles dents. Et le caramel... Ça me rappelle un gâteau de ma grand-mère... Tiens ! Pourquoi tu ne t'y mettrais pas, Scarlett ? Ça te ferait le plus grand bien.

Elle avise le paquet de chips vide sur mes genoux. Je parie que ça fait tilt dans son cerveau : « Au secours ! Ma chiffe molle de fille se gave de chips au lieu de s'inscrire à une nouvelle activité ». Je lui réponds en haussant les épaules :

— Ouais m'man. Tu as sûrement raison.

Le lendemain, assise au fond de la salle de maths, j'observe Gretchen et Alison qui s'envoient des textos sous la table. Quelques minutes avant la pause déjeuner, Violet lève la main et demande à aller aux toilettes. Elle me jette un petit coup d'œil en sortant de la pièce. Je suis à la fois terrifiée et excitée.

À midi, je m'installe dans un coin de la cantine. Je vois les élèves arriver à travers les vitres. Certains viennent avec leurs pique-niques ; d'autres prennent le repas chaud proposé par le self et l'emportent sur un plateau (aujourd'hui, il s'agit d'une espèce de morceau de poulet visqueux avec, en dessert, un pudding au vomi). Violet a placé la boîte avec les flapjacks sur la table centrale avec une petite pancarte indiquant : « Parts offertes par le Club des Petits Chefs Anonymes ». La voilà justement qui fait son entrée dans le réfectoire, flanquée de Gretchen et Alison. Je les entends rire d'ici. Je détourne le regard et repère un mouvement près de la boîte.

Quelqu'un s'est approché – Nick Farr en personne. J'arrête de respirer ; il est tellement craquant ! Il écarquille ses beaux yeux marron en amande. Après un bref coup d'œil autour de lui, il se sert une deuxième part. Et puis je prends conscience qu'il regarde dans ma direction en souriant.

OMG. Nick Farr me dévisage. Il marche vers moi. Il a deviné, c'est obligé… Il…

… passe à côté de ma table et va s'assoir avec ses copains. Je soupire. Évidemment. Qu'est-ce que je croyais ?

— Vous avez vu ? dit-il en montrant la boîte. Le Club des Petits Chefs Anonymes a récidivé.

— Mortel, répond quelqu'un.

Deux garçons du groupe se lèvent et vont prendre un bout de gâteau à leur tour. Ils l'engloutissent et se resservent aussitôt. Un autre copain de Nick les rejoint. Il fait semblant de prendre toute la boîte pour lui et de la cacher sous son tee-shirt. Une file se forme progressivement. Je repère deux filles avec un piercing au nez qui font partie de la bande des gothiques, trois stars de l'équipe de rugby, deux filles de l'équipe de natation, deux geeks et puis, grillant la queue pour passer devant tout le monde, Gretchen et Alison.

Gretchen étudie le contenu de la boîte en plissant son petit nez retroussé. J'entends sa voix haut perchée qui perce le brouhaha :

— C'est quoi, ces trucs, sur le dessus ?

— Je n'en sais rien, répond Alison. Mais à mon avis, je n'ai pas intérêt à en manger si je ne veux pas avoir de boutons.

Elles mettent un point d'honneur à repartir sans avoir goûté. Leur mépris casse l'ambiance. En dehors des geeks qui reviennent se servir, l'attroupement commence à fondre.

Soudain, un rire sonore fuse à l'autre bout de la salle. Plusieurs personnes se retournent, surprises. Une grande brune avec une mèche rose fluo se tient les côtes. Les gothiques ne sont pourtant pas du genre à rigoler. Elle chuchote quelque chose à l'oreille de sa copine et lui donne un bout de flapjack.

— Oh mon dieu ! C'est trop bon ! s'écrie celle-ci.

Il n'en faut pas plus pour que toute la cantine se mette à papoter et plaisanter. On divise les carrés de flapjack en dizaines de petits morceaux pour que chacun en ait. En un rien de temps, l'euphorie se répand comme une traînée de poudre. Elle contamine les gourmands, de voisin en voisin, de table en table. Le sucre libère des hormones de bien-être, et le bonheur se lit sur les visages.

Je surveille Gretchen et Alison. À leur expression, je suis sûre qu'elles sont sur le point de tout gâcher en se moquant des autres. C'est alors que Nick les rejoint et murmure quelques mots à Gretchen. Cette dernière lui décoche un sourire charmeur et se lève pour aller chercher un gâteau. J'observe sa transformation. Elle retourne auprès de Nick, lui parle à voix basse, et ils rient à gorge déployée. Si fort que deux profs viennent jeter un œil dans le réfectoire. Après un moment de stupéfaction, ils affichent un grand sourire. Le panier se vide rapidement, mais les vibrations positives continuent de se répercuter dans la salle. Je suis sous le choc, surtout lorsque je m'aperçois que je souris moi aussi devant ce spectacle ahurissant. Je repère Violet, debout près de la porte. Ses jolies lèvres arquées aux commissures légèrement tournées vers le haut reflètent sa satisfaction. J'aimerais lui parler. Malheureusement, la sonnerie fait vibrer les murs du couloir, et quelques instants plus tard, je la perds de vue.

15
Mme Simpson

Cet après-midi-là, un bourdonnement animé emplit la salle de classe. Les élèves participent en cours, prennent la parole et posent des questions. Des personnes qui ne discutent jamais ensemble font connaissance. Bref, des sourires fleurissent un peu partout. À la fin de la journée, je retrouve Violet dans le couloir et nous nous frayons un chemin vers le parking au milieu de la cohue.

— Tout le monde a adoré les flapjacks ! dit-elle. Exactement comme on l'avait espéré.

— Oui. Je ne m'attendais pas à un tel succès.

Je frissonne en repensant à la réaction de Nick.

— Les violettes ont fait leur petit effet, affirme-t-elle la mine réjouie.

— En tout cas, ça changeait du pudding dégoûtant de la cantine !

— C'est clair. Bon, on ferait mieux d'y aller.

— Hein ? D'aller où ?

— Voir Mme Simpson, tu te souviens ? Tu sais dans quel hôpital elle est ?

La question de Violet me prend de court.

— Euh... non.

— Le plus proche, c'est le Royal Elmsbury. Essayons là-bas en premier. Il y a un bus, je crois.

— D'accord, bonne idée. Allons-y.

Avec ou sans flapjacks, rendre visite à Mme Simpson est la moindre des choses.

L'arrêt de bus se trouve à l'angle de la rue. Nous n'avons pas à patienter longtemps. Après vingt minutes de trajet, le bus nous dépose devant l'hôpital. C'est un lieu intimidant qui grouille d'activité. Des dizaines de voitures et de vans se croisent au niveau des barrières ; des personnes âgées et des femmes enceintes traversent le passage pour piétons comme des escargots. Sans parler du ballet des fauteuils roulants et des infirmières en uniforme.

Violet me précède à l'intérieur. Le hall est composé d'un accueil, d'une boutique de cadeaux et d'un petit café. Mon amie s'approche du guichet avec assurance, comme si elle était déjà venue plein de fois et qu'elle n'était absolument pas impressionnée :

— Nous venons rendre visite à une patiente. Mme Simpson.

La dame nous examine par-dessus ses demi-lunes.

— Elle est dans quel service ?

Violet me consulte du regard. Je me redresse et je m'éclaircis la voix.

— Elle s'appelle Rosemary Simpson. Vous pourriez nous indiquer sa chambre ?

La secrétaire médicale tape sur son clavier avec un doigt, ce qui lui prend une éternité. Elle finit par relever la tête.

— Vous êtes de la famille ?

Je réponds sans hésitation :

— Oui. Je suis sa nièce. C'est ma seule tante et je m'inquiète beaucoup pour elle. On lui apporte des gâteaux qu'on a préparés nous-mêmes, ma copine et moi.

Elle avise le panier et fronce les sourcils.

— Elle se trouve dans l'Aile Hessel. Suivez la ligne bleue jusqu'au pavillon B.

Nous arpentons les couloirs glauques en longeant la ligne bleue peinte au sol. En chemin, nous doublons des patients qui se rendent à leurs consultations dans des départements aux noms sinistres : oncologie, radiothérapie, rééducation physique ou diagnostic prénatal. Avec notre panier et nos cartables, nous ressemblons à deux Petits Chaperons rouges perdus dans une forêt effrayante de machines, de néons aveuglants et de malades. Enfin la ligne bleue s'arrête au pied d'une porte battante sur laquelle est écrit « Aile Hessel, Pavillon B ». Je pousse le lourd vantail.

Nous tombons sur un second bureau de réception avec deux infirmières en uniforme bleu pâle. L'une est en train de feuilleter des papiers, l'autre pianote sur un ordinateur. Je suis soulagée de voir Violet prendre les devants. Elle nous présente et explique qui nous sommes venues voir.

— Rosemary Simpson (l'infirmière aux papiers regarde sa collègue) ? Elle est autorisée à recevoir des visites ?

— Je crois, répond l'autre sans quitter son écran des yeux. Mais on vient de lui administrer un sédatif. Elle a eu une commotion et doit rester sous observation.

— Pouvons-nous la voir ? Nous lui avons préparé des gâteaux.

Je leur montre le panier.

— Oh, elle n'en mangera pas. Mais puisque vous êtes de la famille, ajoute l'infirmière en me dévisageant d'un air sceptique, je vous autorise à passer cinq minutes avec elle. Vous pouvez laisser le panier ici si vous voulez.

Si on leur confie les flapjacks, elles vont tout engloutir ! Violet pense clairement la même chose que moi. Je la vois serrer son panier contre elle.

— Chambre 6. Soyez de retour ici dans cinq minutes.

— Oui, promis.

Tandis que nous descendons le couloir d'un pas pressé, je chuchote :

— Quel endroit horrible !

Violet ne répond pas. Elle est perdue dans ses pensées.

Nous atteignons la porte marquée du numéro 6.

Je reconnais les notes du générique d'un jeu télévisé. Le volume du poste est réglé au maximum. Je jette un œil dans la chambre. Deux lits médicalisés se dressent de chaque côté de la pièce. Dans le plus proche, une femme aux cheveux blancs regarde la télévision en piochant des bonbons dans une boîte en forme de cœur. Sa table de chevet est couverte de fleurs et de cartes de bon rétablissement. Elle est chouchoutée, pas de doute. Dans l'autre se repose une dame aux cheveux gris. On devine sa frêle silhouette à travers la fine couverture bleue. Un tuyau sort de son nez, elle a une perfusion fichée dans le bras et elle est reliée à un moniteur qui bipe lentement. Je ne vois ni bouquets ni cartes nulle part.

La première patiente rouspète quand j'entre dans leur chambre.

— Chuuut ! Ils ont presque résolu la grille.

Sur l'écran de télévision, une présentatrice retourne les cases d'une grille de mots croisés géante.

— Pas de chance ! dit l'animateur au candidat malheureux.

— Bah, ce n'est pas de la malchance – il est bête comme ses pieds, c'est tout, ronchonne la malade en faisant de grands gestes avec sa boîte de bonbons.

Elle a l'accent écossais, à moins qu'elle vienne d'un comté du Nord. Elle daigne enfin tourner la tête vers nous et nous jette des regards noirs.

— Qui êtes-vous, vous ?

— Nous cherchons Mme Simpson. C'est elle ?

Je désigne la bosse sous la couverture du lit voisin, mais je connais déjà la réponse.

— Oui. Ou ce qu'il en reste.

— On a apporté des gâteaux, explique Violet. On s'est dit qu'elle devait en avoir marre de la nourriture de l'hôpital.

La dame gobe un énième bonbon.

— C'est bien gentil de ta part, mon chou. Mais ça m'étonnerait qu'elle les mange de sitôt.

Inquiète, je l'interroge :

— Pourquoi ? Elle ne s'est pas réveillée ?

— Oh si, répond-elle les yeux écarquillés en zappant avec sa télécommande. Elle se réveille de temps en temps. Et alors là, pour se reposer à côté, bonjour ! Tsss… Elle se débat avec la couverture, elle gémit, elle parle de son chat… Elle voudrait rentrer chez elle mais son neveu n'est pas d'accord.

— Son neveu ? répète Violet.

— Vous voulez parler de M. Kruffs ?

— Lui-même. Tu le connais ?

— Non, pas personnellement. J'ai vu les affiches pour l'élection…

— Ha ! L'élection. Eh bien, je lui souhaite bonne chance. Il débarque le bec enfariné, et puis il la contrarie. Ils se disputent à chaque fois. J'ai hésité à demander une autre chambre, mais ici, ha !, une petite vieille en vaut une autre (elle se décide pour une chaîne et monte encore le volume) ! Enfin, elle n'est pas trop pénible : elle dort presque tout le temps.

Nous remarquons des mouvements de l'autre côté de la pièce. La couverture frémit. La patiente laisse échapper un gémissement, tousse et crache. Elle se débat avec ses draps comme si elle essayait de se redresser sur les coudes. Elle ouvre des yeux vitreux. Je ne suis pas sûre qu'elle y voie grand-chose. Puis elle tourne légèrement la tête et repère le panier. Le buste tendu en avant, elle renifle l'air. Ses prunelles bleues croisent les miennes.

— Madame Simpson ? Nous vous avons fait des flapjacks. Avec du chocolat et du caramel au beurre salé.

Elle s'affaisse de nouveau dans son lit. Ses yeux se referment, sa bouche pincée forme une ligne fine. Puis il me semble la voir sourire. Sa respiration devient plus régulière et elle se rendort. Je chuchote à Violet :

— Tant pis, elle les goûtera plus tard.

Violet hoche la tête et pose le panier sur la table de chevet. Je touche délicatement la main noueuse de ma voisine.

— Rétablissez-vous bien vite.

Nous sortons de la chambre sur la pointe des pieds.

16
Banoffee pie !

Nous parlons peu dans le bus pendant le trajet du retour. Je jure en secret d'éviter à tout prix les hôpitaux à l'avenir. Je n'arrête pas de penser à Mme Simpson – un pauvre petit corps impuissant caché sous une mince couverture. Je sais que c'était bien de lui rendre visite, pourtant je le regrette d'une certaine façon. Je ne verrai plus Rosemary Simpson de la même manière, et je préférais imaginer une cuisinière géniale s'affairant avec énergie dans sa fabuleuse cuisine. Ceci dit, elle s'est ranimée un peu en sentant le parfum des flapjacks. J'espère qu'elle pourra les goûter.

Violet regarde le paysage défiler par la vitre. À mesure que le ciel s'assombrit, son reflet devient plus net : une larme coule sur sa joue. Je tourne la tête pour ne pas la mettre mal à l'aise. Le bus s'arrête près du collège, et nous descendons. J'essaie de mon mieux de prendre un ton enjoué.

— Alors… on se voit demain ?

Elle hausse les épaules. Les larmes ont disparu mais elle a les yeux très cernés.

— D'accord.

Au lieu de se retourner et de partir chez elle (je me demande où elle habite, d'ailleurs), elle continue de marcher à mes côtés.

Nous arrivons dans ma rue. Nous passons devant plusieurs maisons avec des pancartes « Votez Emory Kruffs ! » accrochées aux fenêtres, puis nous atteignons le fond de l'impasse et je lui dis :

— Je rentre nourrir le chat.

Elle se contente de me regarder en souriant, sans un mot. J'ouvre la porte et elle me suit à l'intérieur. Je remarque tout de suite que quelque chose cloche.

— Où est le chat ?

Soudain, j'ai la chair de poule.

— Peut-être qu'il dort ?

— D'habitude, il se précipite toujours quand il m'entend tourner la clé dans la serrure.

Le matou ne donne aucun signe de vie. Et ce n'est pas tout. Je note d'autres changements. Les photos de Mme Simpson ont été retirées du mur et empilées. Certains de ses bibelots ont disparu. Par terre, plusieurs cartons ouverts débordent de papier bulle. Mme Simpson n'étant clairement pas en état de faire un grand ménage de printemps, il ne peut s'agir que d'une personne : M. Kruffs. Savoir qu'il est passé ici me donne des frissons.

Violet semble avoir la même idée.

— Et s'il était toujours à l'intérieur ? chuchote-t-elle.

Nous restons immobiles, guettant les moindres bruits en provenance de l'étage ou de la cuisine. Tout est silencieux. Rassurée, je me redresse.

— On ne fait rien de mal. On est juste venues nourrir le chat.

— On devrait peut-être partir.

— Moi, je reste. Si ça se trouve, on n'aura plus jamais l'occasion de revenir. Tu peux partir si tu veux (je lui jette un coup d'œil oblique). Mais je préférerais que tu restes.

Ses yeux violets s'arrondissent : je sais que nous nous comprenons toutes les deux.

— D'accord. Qu'est-ce qu'on prépare ce soir ?

La cuisine n'a pas été pillée, mais pas loin. Le couffin et les bols du chat ont disparu – la personne qui l'a emmené a prévu de le nourrir, c'est déjà une bonne chose. Il y a des tasses sales dans l'évier, une liste de sociétés de déménagement sur le plan de travail et le petit cahier de recettes n'est plus sur son support en bois. Je prends conscience pour la première fois que la reliure est très usée, et la couverture décolorée. Il est couvert de miettes, comme si quelqu'un s'en était servi de planche à découper pour faire un sandwich.

Je l'attrape et je souffle sur les miettes. Puis je le remets sur le pupitre. Il s'ouvre de lui-même sur la recette intitulée le banoffee pie de Georgie Porgie.

— Le banoffee[3] ! s'écrie Violet. Mon gâteau préféré !

— Je crois que je n'en ai jamais goûté.

Je lis la liste des ingrédients. Bananes, caramel – deux aliments que je n'aurais jamais pensé à associer –, une tonne de crème…

— Sans blague ? Alors il faut absolument qu'on essaie !

Comment résister à l'enthousiasme de Violet ? Je suis d'autant plus partante que – quelle coïncidence ! – une coupe à fruits posée au centre de la table contient un régime de bananes mûres à point. Il faut croire que c'est le destin.

— OK. Allons-y.

---

3. Le banoffee pie est une pâtisserie anglaise composée de bananes, de crème et de caramel sur une base de biscuits secs.

Le reste des ingrédients est moins facile à dénicher. M. Kruffs a dû effrayer le lutin de cuisine. En fouillant dans les placards, on finit par rassembler un sachet de biscuits à l'avoine, une boîte de lait condensé et un paquet de sucre roux à moitié vide. Tout au fond du frigo, nous découvrons la crème fraîche épaisse et le beurre.

Une fois tout le nécessaire réuni, je relis la recette. Violet regarde l'illustration par-dessus mon épaule.

— Regarde-le.

Elle me montre le Georgie Porgie de la célèbre comptine[4], un petit bonhomme dessiné dans un style très *cartoon*, qui court après un groupe de jeunes filles réjouies, les lèvres retroussées comme pour les embrasser. Violet fait la grimace.

— Il est dégoûtant. Je ne voudrais pas qu'il m'attrape. Mais peut-être qu'en grandissant, il finira par ressembler à Nick Farr ?

Une émotion soudaine me chatouille le ventre.

— Nick Farr ?

— Il est mignon, tu ne trouves pas ?

---

4. Il s'agit d'une célèbre chanson pour enfants datant probablement du XIXe, dont les paroles sont : « Georgie Porgie, sacré bandit ! / Embrassait les filles et les faisaient pleurer / Quand les garçons sortaient pour s'amuser / Il détalait sous les regards outrés. »

— Oui.

Inutile de mentir. J'allume un brûleur pour faire fondre le beurre. Je ne sais pas pourquoi mais je me sens nerveuse et à cran. Peut-être à cause de la visite à l'hôpital. Ou de l'intrusion chez Mme Simpson. Ou, soyons honnête, parce que Violet a mentionné Nick Farr…

Elle émiette les biscuits et les jette dans la casserole. Pendant que je les mélange avec le beurre, je me calme peu à peu.

— Tu crois qu'il reviendra ? demande Violet.

— Qui ?

— Monsieur Kruffs. Il pourrait nous surprendre ici. J'avoue que ça me fait flipper.

Je contemple la cuisine de Rosemary. L'absence du chat crée un grand vide.

— Peut-être qu'il a la permission de venir ici, je ne sais pas… J'aimerais tellement pouvoir aider Mme Simpson.

Violet sort des plats à tarte du placard. Nous éparpillons la pâte friable dans le fond puis nous les plaçons dans le réfrigérateur.

— Comment ? demande-t-elle.

Je secoue la tête.

— Pour le moment, je n'en ai pas la moindre idée.

17
Échantillon mystère

Je ne sais pas quoi faire à propos de Mme Simpson. Mais ce qui est sûr, c'est je m'amuse comme une folle à préparer le banoffee. Avec Violet, on triple les doses d'ingrédients – il faut qu'il y en ait assez pour nous et pour le collège. Heureusement, la cuisine de Rosemary possède une tonne de moules et de plats à tarte.

La garniture est sucrée et collante. On s'en met partout et on s'amuse comme des petites folles. Après nous être gavées de bananes et avoir léché les bols, nous jacassons dans la joie et la bonne humeur. Pendant que les tartes refroidissent au frigo, nous farfouillons dans les placards. Je dégote plusieurs grandes tablettes de chocolat.

— Ça tombe bien ! La recette conseille de décorer les tartes avec des copeaux de chocolat.

— On pourrait utiliser ça aussi.

De son côté, Violet a trouvé une boîte de décorations pour pâtisseries. Elle renferme des vermicelles de toutes les tailles et de toutes les couleurs, des poches à douille, des colorants et même de la feuille dorée comestible.

Quand les gâteaux ont refroidi, nous les sortons un par un – il y en a deux ronds, un en forme de cœur et un dernier en forme de bonhomme de pain d'épices. Ils sont crémeux et marbrés. En montrant le quatrième, je m'exclame :

— Regarde, c'est Georgie Porgie !

Nous pouffons toutes les deux.

Je fais des copeaux de chocolat à l'aide d'un économe en suivant les indications du cahier de recettes pendant que Violet décore Georgie Porgie avec des petites étoiles en sucre. Elle lui fait une cravate en vermicelles multicolores, des yeux en pastilles de chocolat, et lui dessine un nez et une bouche avec une poche à douille. Je lui ajoute des boucles en chocolat sur la tête, pour rire. Le gâteau est vraiment drôle et original – et notre Georgie Porgie ne ressemble pas du tout à Nick Farr. Violet met la touche finale : un col et une ceinture en violettes cristallisées. Il finit par ressembler à un gros bonhomme de neige tout dégoulinant.

Sur le gâteau en forme de cœur, elle écrit « Le Club des Petits Chefs Anonymes » avec des pleins et des déliés. Je parsème des vermicelles et des copeaux de chocolat autour des lettres. Nous avons enfin terminé. Rayonnante de fierté, je déclare :

— Ils sont parfaits !

Nous utiliserons des tupperwares profonds pour les emporter au collège demain. Cette question réglée, nous passons à table et nous dégustons le gâteau rond que nous nous étions réservé.

La tarte est fondante et moelleuse à souhait. Les saveurs du caramel et de la banane se marient à merveille.

— Hmmm, s'extasie Violet. Il est super réussi.

Je laisse la crème de lait fondre sur ma langue avant d'avaler. Elle est délicieuse et sucrée, sans être écœurante – comme la bouillie de Bébé-Ours dans l'histoire de Boucles d'Or, elle est juste comme il faut. Quand je pense que c'est nous qui avons confectionné ce dessert, c'est incroyable ! On a vraiment assuré !

— Il va nous falloir des coupelles et des cuillers en plastique pour la cantine (j'ai maintenant une belle moustache de crème. Je l'enlève avec le bout de la langue). C'est pas facile à manger avec les doigts.

— Tu as raison, marmonne Violet entre deux bouchées. On pourra les acheter sur le chemin du collège. Tu as de la monnaie ?

— J'ai un peu d'argent de poche de côté.

Nous nettoyons tout et nous remettons les tartes dans le frigo de Mme Simpson pour les garder au frais. Je viendrai les chercher demain matin avant les cours.

Il fait déjà nuit quand nous quittons la maison. J'ai l'impression de plonger dans un bain froid. En dehors de la cuisine de Rosemary, tout est devenu un peu irréel pour moi. Violet est étrangement silencieuse, comme si elle partageait mon sentiment.

— Tu vas bien ?

Le lampadaire projette un cercle de lumière aux contours flous autour de nous.

— Oui, répond-elle en hochant la tête. On se voit demain.

Elle tourne les talons et commence à s'éloigner. Je reste plantée là à la regarder jusqu'à ce qu'elle disparaisse à l'angle de la rue.

Cette fois, quand je rentre chez moi, ce n'est pas la même histoire. Maman est hystérique. Elle me cherche partout. Elle fait les cent pas dans la cuisine en appelant des gens avec son portable.

— Scarlett ! J'étais morte d'inquiétude. Mais où étais-tu ?

Je m'assois à table, épuisée. J'aimerais pouvoir lui raconter ma journée – la visite à l'hôpital, la confection du succulent banoffee – et lui demander conseil au sujet de Mme Simpson. Comment faire pour l'arracher des griffes de M. Kruffs ? J'ouvre la bouche puis je la referme aussitôt. Je ne peux rien lui confier. Sinon, je le regretterai.

— Pardon, maman. Il y a une nouvelle au collège. Je suis passée chez elle. On travaille en binôme sur un projet en sciences.

Maman ne me demande pas son prénom. Elle se contente de secouer la tête.

— Franchement Scarlett, je sais que tu ne veux plus me parler mais là, tu es allée trop loin. Tu ne peux pas disparaître comme ça.

— Je suis désolée maman. C'est juste que...

Je prends une grande inspiration. Je vais lui expliquer ce que je ressens. Peut-être qu'on pourra redevenir amies. Je...

— Ne recommence jamais (elle consulte sa montre, les joues cramoisies). Je suis très en retard – mon *guest* post pour scarykids.com doit être prêt pour demain. Qu'est-ce que tu peux être égoïste parfois !

Elle pivote sur ses talons et retourne se terrer dans son Antre. La porte claque derrière elle. Je pousse un gros soupir. Complètement vidée, je monte dans ma chambre et je me blottis dans mon lit. Je rêve d'un groupe de filles en train de courir après une tarte à la crème en forme de Nick Farr. Il croise mon regard avant de prendre la fuite.

Le lendemain matin, je me réveille avec la boule au ventre. Je cherche la boîte qui me sert de tirelire au fond de mon tiroir à chaussettes. J'y trouve une poignée de pièces mais mon billet de cinq livres a disparu. Oh, non… Non seulement maman oublie souvent de me donner mon argent de poche, mais parfois, elle «m'emprunte» des sous quand elle a oublié de s'arrêter à un distributeur.

Des ronflements traversent la porte de sa chambre. Je ne veux pas la réveiller. Alors je me faufile jusqu'à son Antre, où elle laisse en général son porte-monnaie. Comme d'habitude, son bureau est en désordre. Il y a des papiers partout – des brouillons d'articles ou de billets de blog froissés, des lettres de Boots et des photos de son kit de survie sur papier brillant. Je suis impressionnée par tous les efforts qu'elle fournit pour faire tourner son empire numérique.

Je trouve son sac à main et je lui « ré-emprunte » un billet de cinq livres. Je griffonne quelques mots sur un post-it pour lui expliquer quand j'aperçois un papier sous le sac. Elle a imprimé un premier jet d'article et l'a corrigé au stylo rouge. Elle en a barré une bonne moitié. Ma gorge se serre tandis que je parcours des yeux la partie non raturée.

« Moi contre elle – pourquoi nous sommes-nous tant éloignées ? »

Ça commence sur un mode comique. On peut lire des phrases du style : « Je n'ai jamais voulu être une de ces mères qui mettent la pression et poussent leurs enfants à en faire toujours plus. Je me rends compte maintenant que j'ai commis une grossière erreur. Si j'avais su que ma fille me détesterait à ce point dès l'adolescence, je me serais au moins assurée qu'elle décroche un Premier Prix de conservatoire en piano. »

Mais la suite me surprend davantage. Le ton change radicalement : « Ces derniers temps, il s'est passé quelque chose d'étrange. J'ai commencé à me rappeler ce que ça faisait d'avoir son âge. Le déclic s'est produit quand, subitement, j'ai eu une envie de gratin de macaronis – celui que préparait ma grand-mère. Et je me suis interrogée : que ressent-elle, est-ce que je lui ai vraiment accordé assez d'attention… ?»

La suite du paragraphe est gribouillée au stylo rouge. Mais les mots sont là, noirs sur blanc.

18
Dans le couloir…

Violet m'attend devant le magasin. J'ai rangé les trois tupperwares dans un énorme sac en toile de jute piqué dans la cuisine de Rosemary. On a juste assez d'argent pour acheter un paquet de bols, des cuillers en plastique et un peu de levure – nous serons bientôt à court chez Mme Simpson.

— C'est ton tour aujourd'hui, me dit-elle après le passage en caisse.

— Mon tour ? De quoi ?

— À toi d'installer les parts de gâteaux. Tu dois juste faire attention à arriver à la cantine avant les autres. Et n'oublie pas de préparer une pancarte à mettre sur la table.

— À moi (mon cœur bat vite, la panique me gagne) ? Je croyais que tu allais le faire.

— Je m'en suis occupée la dernière fois – si je vais aux toilettes tous les jours à la même heure, les gens vont finir par se douter de quelque chose.

Nous marchons en silence sur le trottoir. Mon sang frémit dans mes veines. Et si quelqu'un me surprenait en train de glisser en douce trois énormes montagnes de banoffee bien crémeux dans la cantine ? Les nouvelles circulent vite au collège. Je ne m'inquiète pas seulement pour moi mais aussi pour le Club. D'accord, nous ne sommes que deux, Violet et moi, mais si je perds ça, il me restera quoi ?

La matinée s'écoule à toute vitesse. J'essaie de me concentrer sur les adverbes puis sur l'algèbre, mais je n'arrête pas de fixer l'horloge en guettant l'heure fatidique où je suis censée demander à sortir aux toilettes. Encore vingt minutes... dix... cinq.

Pile au moment où je m'apprête à lever la main, Nick Farr me coupe l'herbe sous le pied.

— Pardon, madame Fry, mais j'aurais besoin d'aller aux toilettes.

La prof de maths décroche un passe pour les toilettes des garçons et le lui tend. Alors je dis d'une petite voix :

— Euh... moi aussi.

Je me sens rougir en entendant quelqu'un ricaner derrière mon dos. La prof proteste, les poings sur ses hanches :

— La pause déjeuner est dans un quart d'heure. Ça ne peut pas attendre ?

— Non madame.

Tout le monde me regarde, je suis terrifiée. Quand ils découvriront le banoffee dans le réfectoire, ils feront le rapprochement avec moi, c'est sûr.

Mais qu'est-ce que je peux faire ? Je lance un regard désespéré à Violet. Celle-ci fixe son cahier, le visage caché derrière le rideau formé par ses cheveux d'un noir bleuté. Avec un soupir agacé, la prof me tend un passe. Je traverse la salle en retenant mon souffle et je disparais dans le couloir.

Il est désert – Nick s'est volatilisé. Je me dépêche de gagner la salle de classe vide dans laquelle j'ai caché le sac en toile de jute au fond d'une armoire. Les gâteaux sont là où je les avais laissés, avec les bols et les cuillers en plastique. J'attrape le sac par en-dessous et je ressors. Je passe presque en courant devant les toilettes – si quelqu'un me repère maintenant...

Une porte s'ouvre derrière moi. Je suis fichue !

Je sens des yeux se poser sur mes épaules. *Ses* yeux à *lui*. Nick Farr. Capitaine de l'équipe de rugby, premier en sciences. L'ami de Gretchen, d'Alison et de toutes les filles populaires. Le garçon sur lequel on fantasme toutes de loin – ou, dans la situation présente, d'un peu trop près.

— Scarlett ?

Sa voix.

— Ça va ?

Je me retourne, les yeux écarquillés, comme un cerf pris dans les phares d'une voiture.

— Oui, ça va.

Je me force à sourire.

Il étudie le gros sac que je serre entre mes mains.

— Qu'est-ce que tu tiens ?

— Euh... rien.

Je me réfugie dans les toilettes des filles avant qu'il ait dit un mot de plus. Je reste là, essoufflée, face à mon reflet dans le miroir. Mes cheveux ont l'air aussi desséché que moi et mon cou est parsemé de taches rouges qui trahissent ma culpabilité. Une tempête fait rage sous mon crâne. Dois-je retourner planquer mes affaires dans la salle vide ? Continuer ma mission comme si de rien n'était ? Parlementer avec Nick pour qu'il garde le secret ? À moins qu'il ne fasse pas le lien. Ouais, c'est assez improbable quand même.

Je me lisse les cheveux et je regarde mon reflet en fronçant les sourcils.

— Ressaisis-toi, ma fille.

Il n'y a plus personne dehors quand je quitte les toilettes. Je fonce à la cantine ; ma main tremble au moment de sortir les tartes et de les aligner sur la table. Les cantinières discutent à voix haute derrière le hublot des cuisines. Elles se livrent aux derniers préparatifs du déjeuner. Constatant qu'elles ne font pas du tout attention à moi, je sors les bols et les cuillers – mais pourquoi je n'ai pas pensé à ôter les emballages avant ? Je parviens à arracher les films plastique en me cassant un ongle dans l'opération. Enfin, je déplie mon affiche et je la scotche sur le rebord de la table : « Servez-vous ! Parts offertes par le Club des Petits Chefs Anonymes ».

Demi-tour, toute ! Je prends mes jambes à mon cou. Je descends le couloir en vitesse. Je me coule dans la salle de classe pendant que mes camarades rangent leurs cahiers. Lorsque j'atterris sur ma chaise, je ne peux pas m'empêcher de jeter un coup d'œil au premier rang. Nick Farr se retourne et nos yeux se croisent, exactement comme dans mon rêve. Mon estomac enchaîne les loopings. Nick m'adresse un grand sourire à faire fondre un glaçon… puis il pose un index sur ses lèvres.

19
Le Club des Petits Chefs Anonymes a encore frappé

La classe se disperse au milieu des grincements de chaises et des froissements de papier. Violet me jette un regard entendu depuis l'autre bout de la salle, puis elle rejoint Gretchen et Alison. Violet et moi, nous ne sommes pas censées traîner ensemble au collège. Cela fait partie de notre «couverture». Il n'empêche que je ressens une petite pointe de jalousie. Je suis la foule jusqu'à la cantine.

Je m'assois à ma table habituelle près de la porte. Pas mal de personnes font déjà la queue pour se servir un bol de banoffee. Une nouvelle fois, toutes les cliques sont mélangées – les gothiques, les sportifs, les geeks. Mon cœur chavire quand Gretchen, escortée par Alison et Violet, coupe devant la file.

Mais les choses ne se déroulent pas exactement comme prévu. Une des gothiques – une fille grande et maigre, avec un trait épais d'eye-liner noir sur les paupières – pousse Gretchen d'un coup de coude.

— Il y a une queue, au cas où tu serais pas au courant.

J'arrête de respirer en voyant Gretchen se retourner, le menton bien haut, une expression de défi dans le regard.

— Qu'est-ce que tu dis ?

L'autre ricane. Deux de ses copines viennent l'encadrer. Elles sont si pâles qu'elles me font penser à des jumelles fantômes.

— Attends ton tour.

— Pour qui tu te prends ? rétorque Gretchen.

Elle a mauvaise mine – je me demande si elle est malade. La grande regarde ses amies et lâche un petit rire avant d'inviter Gretchen à s'avancer avec un geste de la main plein d'ironie.

— Tu sais quoi ? Vas-y, passe devant, je t'en prie.

Gretchen arbore un sourire de princesse hypocrite. Elle se sert un gros morceau de gâteau dégoulinant. Tout le monde observe la scène tandis qu'elle porte la cuiller en plastique à son nez, la renifle et avale une bouchée.

— Han, se moque la gothique. Tu vas prendre au moins dix kilos.

Sa phrase résonne longtemps dans la grande salle. Pendant une éternité, plus personne ne parle, tout le monde retient son souffle.

Il n'y a pas de mot pour décrire la couleur du visage de Gretchen. Au début, des boutons roses poussent par tous les pores de sa peau, comme si elle avait gratté une plaque d'eczéma. Son teint vire ensuite à une nuance de gris verdâtre qui me rappelle une purée de pois cassés oubliée dans le frigo. Sa cuiller tombe par terre. Ses joues gonflent, gonflent, et ses yeux semblent sortir de leurs orbites.

— Attention, crie Violet.

Personne n'a le temps de réagir. La bouche de Gretchen s'ouvre, et tel un volcan en éruption, elle crache un flot de vomi qui passe par-dessus la table. Une flaque marron se forme par terre. Un cri d'horreur s'élève des tables. Et la grande gothique hurle :

— Oh, t'es dégueu, Gerb'chen !

Évidemment, le jeu de mots fait le tour de la cantine en un rien de temps. On entend ici un grognement, là un rire, et la situation tourne au chaos. Du coin de l'œil, je vois Violet se glisser dehors. Je me lève et je lui cours après. Une fois dans le couloir, je m'écroule contre le mur.

— Qu'est-ce qu'on a fait ?

— Notre magnifique tarte ! se lamente-t-elle.

J'hésite à rire ou à pleurer.

— C'était affreux. On n'aurait jamais dû distribuer des parts gratuites. Tu crois que Gretchen est malade ?

Violet hausse les épaules.

— Je pense que ça va aller. En tout cas, ce n'est pas notre faute – elle avait déjà mal au ventre ce matin (elle écarquille les yeux). Gerb'chen.

Je ne peux pas m'empêcher de pouffer.

La cantine se vide. On assiste à un exode de masse. Pourtant, je remarque que l'incident n'a pas dégoûté nos camarades : beaucoup repartent en emportant un bol de banoffee.

— On se retrouve après les cours, d'accord ? me dit Violet.

— Je ne sais pas…

J'avance seule dans le couloir pour que personne ne nous voie bavarder. Maintenant que notre pâtisserie a humilié Gretchen, elle va insister pour savoir qui est responsable. Comment ai-je pu me mettre dans une situation pareille ?

— Allez, Scarlett ! me supplie Violet.

— Je ne peux pas continuer. Si ma mère le découvre…

— Alors tu laisses tomber ? Tu baisses les bras ?

Je fais volte-face, les yeux brûlant de colère.

— Tu es incapable de te mettre à ma place, hein ? D'ailleurs, j'ai une bonne nouvelle pour toi : tu ne seras jamais à ma place !

20
La trahison

Ne rien avoir de positif dans sa vie, c'est dur. Mais avoir connu quelque chose de génial pour le perdre ensuite, c'est encore pire. À cause de Gretchen et de ma dispute avec Violet, le Club des Petits Chefs Anonymes va connaître une mort aussi rapide que douloureuse.

Après les cours, je me rends à la bibliothèque au lieu d'aller chez Mme Simpson. J'ai toujours été bonne élève, alors je termine mes devoirs en deux coups de cuiller à pot. Ensuite, je feuillette deux magazines scientifiques en essayant de m'intéresser à un sujet, n'importe lequel. Au fond, je ne pense qu'à une chose : Violet me manque cruellement. Je n'arrête pas de me demander quelles recettes on aurait essayées si la situation avait tourné autrement. J'en oublie même de m'inquiéter pour le futur post de maman. De toute façon, même si elle entend parler de l'histoire de Gretchen d'une manière ou d'une autre, elle ne fera jamais le lien avec moi – impossible.

Gretchen est absente en classe le lendemain. Les couloirs bruissent encore de « l'incident », et les téléphones passent de main en main. Tout le monde veut voir les vidéos postées sur YouTube. J'avoue que j'ai un peu de peine pour elle. Un peu.

Vendredi matin, le billet hebdomadaire de maman arrive en ligne. Cette semaine, il est intitulé : « Conseils de séduction pour mère célibataire ». Il est franchement dégoûtant, et horripilant, mais au moins il n'est pas question de moi. Gretchen revient en classe avec une nouvelle coupe de cheveux et une French manucure toute fraîche. Elle se comporte comme s'il ne s'était rien passé.

Au déjeuner, j'observe Violet de loin. Elle papote avec Gretchen, Alison et Nick. On dirait qu'ils sont amis depuis toujours. C'est eux qu'elle a choisis. Maintenant, il ne me reste plus qu'à espérer qu'elle oublie l'existence du Club des Petits Chefs Anonymes, et la mienne par la même occasion.

Ce soir-là, je retourne à la bibliothèque. Cette fois, je ne risque pas de m'ennuyer. J'ai un devoir à rédiger et quelques recherches à faire. J'y vais directement en sortant du collège et je reste jusqu'à la fermeture. Puis je rentre à la maison en traînant des pieds. Je redoute la soirée. Ainsi que le week-end. Et le restant de mon existence.

Il fait presque nuit quand je m'engage dans ma rue. Je marque une pause devant la maison de Mme Simpson. Les volets sont fermés mais je distingue un rai de lumière. J'avance jusqu'au paillasson sur la pointe des pieds et je regarde à travers la fente de la boîte à lettres. La lumière vient de la porte entrouverte de la cuisine. J'entends des rires – des rires de filles.

Ma gorge se serre. Violet est là. Et elle n'est pas seule. Elle a invité non pas une, mais deux autres personnes.

— Miam ! s'écrie une voix haut perchée.

Je la reconnaîtrais entre mille. Gretchen.

Je reste plantée là, incapable de respirer. Je ne sais pas exactement combien de minutes s'écoulent pendant que je les épie. Bientôt, je vois les silhouettes de Gretchen et d'Alison se découper sur un rectangle de lumière tamisée. Elles échangent des « au revoir », « merci » et « à plus tard ». Je m'éloigne vite de la porte et je me cache derrière un bac à ordures ménagères puant rangé dans l'allée, sur le côté de la maison. La porte s'ouvre et se referme. Je perçois des bruits de pas.

— C'était vraiment sympa.

Alison.

— Ouais, je t'avais bien dit que Violet était cool.

Mon cœur cogne si fort dans ma poitrine que ses battements couvrent le son de leurs semelles sur le trottoir. J'ignore ce qu'elles ont fait à l'intérieur, mais je suppose que Violet est en train de nettoyer. Je retourne sur le palier comme une furie et je sonne – j'espère que ça va lui flanquer la frousse de sa vie.

Pas de réponse. Je dégage le paillasson d'un coup de pied, je ramasse la clé et je la tourne dans la serrure. Puis je rentre en claquant la porte derrière moi.

J'entends quelqu'un courir sur le carrelage de la cuisine. Violet cherche une cachette, à coup sûr. Je marche en tapant des pieds pour lui faire croire que c'est M. Kruffs. Et puis je craque.

— Violet ?

Ma voix se brise. Je n'ai même pas la force de crier.

Toujours pas de réponse.

— Comment as-tu pu me faire ça ? C'était notre secret – rien qu'à nous deux. Comment as-tu pu en parler à Gretchen – à Gretchen, en plus (je ne peux plus me retenir et je fonds en larmes) ?! J'avais confiance en toi !

Elle sort de l'arrière de la bibliothèque. Elle me paraît amaigrie et elle a de gros cernes sous les yeux, comme si elle n'avait pas dormi de la nuit.

— Tu avais dit que tu ne voulais pas continuer, répond-elle calmement. Je suis venue ici hier soir après les cours, et aussi avant-hier, et je t'ai attendue. Mais je ne t'ai pas vue.

— Alors à ma place, tu as amené Gretchen ! Tu sais ce que je pense d'elle. Je n'en reviens pas que tu l'aies fait entrer ici (les mots jaillissent de ma bouche comme des flèches empoisonnées) ! Tu m'as trahie, Violet. Tu as trahi notre secret.

— Non.

Elle essaie de poser une main sur mon bras mais je la repousse. C'est alors que je remarque les cupcakes dans leurs caissettes en papier rose. Ils sont en train de refroidir sur une grille. Je serre les poings pour m'empêcher de les jeter à la poubelle.

— Gretchen a deviné que c'était moi, explique Violet. Elle a compris que je faisais partie du Club. C'était évident, non ? Les gâteaux gratuits sont apparus subitement juste après mon arrivée au collège.

— Et alors ? Tu aurais pu nier.

— Non ! Nick t'a aperçue dans le couloir. Il a trouvé ton comportement bizarre. Gretchen a fait le rapprochement et elle en a déduit que c'était toi qui avais apporté les morceaux de gâteau à la cantine.

Je me prends la tête à deux mains.

— Oh non ! C'est exactement ce que je craignais.

— Écoute-moi, d'accord ? Elle est fan du Club des Petits Chefs Anonymes. Elle a adoré les flapjacks. Quant au banoffee, ce n'est pas ça qui l'a rendue malade - elle avait un virus.

— C'est pas cool.

— J'étais très embêtée. Le secret était éventé de toute façon. Et comme je sais que tu ne veux pas qu'elle en parle à ta mère...

— À ma mère ?

Mon corps se raidit.

— C'est pour l'obliger à garder le secret que je les ai invitées, Alison et elle (elle se recroqueville un peu sous mon regard accusateur). J'avais repéré où était la clé alors... Je me rends compte maintenant que c'était une bêtise mais je n'avais pas de meilleure idée ! J'étais sûre que tu me détestais parce que je t'avais forcée à mettre les gâteaux à la cantine. Mais ça ne changeait rien, j'aurais quand même gardé le secret. Gretchen m'a promis qu'elle ne répéterait à personne que tu étais dans le coup. Je lui ai dit que tu étais très en colère pour ce qu'elle t'avait fait avant. Je… continue-t-elle d'une voix tremblante. Je pensais te rendre service…

— Tu parles d'un service ! Je t'ai ouvert mon cœur. Je te confie mes problèmes avec ma mère, je te raconte ce que je subis à cause d'elle – et toi, qu'est-ce que tu fais ? Tu rapportes tout à *Gretchen* !

— Je suis désolée, Scarlett.

— Tu aimerais, toi, que ta mère étale ta vie sur Internet ? Tu aimerais avoir une mère comme la mienne ?

Je m'interromps subitement. Violet se détourne, ses épaules tremblent, elle se met à pleurer. Alors j'ouvre enfin les yeux. Je crois que je viens de commettre une grave erreur.

21
La révélation

Ma colère retombe et je ravale mon amertume. Tout prend soudain un sens triste. Tragique. Pendant que je me répandais en lamentations à propos de ma mère, Violet ne mentionnait jamais la sienne. Et moi, je ne l'ai jamais interrogée. Tante Hilda – pourquoi est-ce que Violet vit avec sa tante Hilda ?

— Ma mère est morte, dit-elle. Mon père aussi. Alors c'est vrai : je ne peux pas savoir ce que tu ressens.

— Oh Violet (je recule d'un pas, assommée par la violence de cette révélation et, je reconnais, choquée par mon égoïsme. Elle lève les yeux, et je passe un bras autour de ses épaules)… Je suis tellement désolée.

Elle s'essuie les joues en hochant la tête. Je la fais asseoir sur une chaise, à côté des cupcakes. Même sans nappage, ils ont l'air cuits à point et délicieux.

— Tu veux en discuter?

Elle reste muette. Elle tire à elle un saladier avec une cuiller en bois qui dépasse et se met à touiller - c'est le glaçage. Une poche et un assortiment de douilles pour décorer les pâtisseries sont posés sur la table.

— On a préparé ces gâteaux pour mon anniversaire, explique-t-elle d'une voix fragile. C'est demain. Je m'en voulais de venir ici sans toi, mais j'étais sûre que tu avais abandonné. Je ne voulais pas perdre... tout ça (elle fait un grand geste qui englobe toute la pièce). Le Club des Petits Chefs Anonymes compte pour moi aussi.

— J'ai été hyper égoïste. J'espère que tu pourras me pardonner.

— Bien sûr, affirme-t-elle avec un petit sourire.

— Je peux t'aider avec les cupcakes?

— Oui.

Nous divisons le liquide sucré dans deux bols différents. Je teinte ma moitié en rose tandis qu'elle choisit un colorant alimentaire blanc nacré. Je lui tends le kit de décoration. D'après l'image sur la boîte, on peut dessiner des tourbillons et des volutes avec la poche à douille. Ça semble un peu compliqué à manipuler mais je suis sûre que Violet peut y arriver. Elle se sert de la cuiller pour verser un peu de mélange nacré dans la poche et essaie plusieurs douilles sur une feuille d'essuie-tout. Pendant ce temps, j'étale une couche uniforme rose sur chaque gâteau.

Elle en prend un et se lance. Avec application, elle trace une série de volutes blanches sur le pourtour. Puis elle forme une fleur au centre avec une violette et des pétales de roses cristallisés. Enfin, elle saupoudre le tout de paillettes alimentaires roses. Je la félicite.

— C'est très joli.

— J'adore faire ça !

Je lui donne un deuxième cupcake. Elle change la douille et cette fois elle réalise un ruban. Nous travaillons en silence pendant quelques minutes.

— Mes parents ont eu un accident de voiture, finit-elle par dire. Ils revenaient d'un dîner organisé par notre église pour collecter des fonds. Ils rentraient à la maison quand un chauffard ivre les a percutés de plein fouet. Papa a été tué sur le coup. Mais maman (elle renifle. Une larme coule sur sa joue. Elle arrête un instant de décorer les gâteaux et se sèche le visage avec sa manche)... Les médecins pensaient qu'elle s'en sortirait. J'ai emménagé chez Tante Hilda et j'allais lui rendre visite tous les jours à l'hôpital. Elle était dans le coma. Je restais assise à côté d'elle pendant des heures. Je lui parlais, je lui chantais des chansons – ce genre de trucs. Je voulais tellement qu'elle se réveille (elle déglutit pour chasser la boule dans sa gorge). Et puis c'est arrivé. Elle s'est réveillée. Elle ne m'a pas reconnue. Ils ont dit qu'elle avait «un traumatisme crânien et des lésions internes» mais qu'à terme, elle s'en remettrait peut-être. Sauf qu'à un moment, la machine n'a plus sonné. Son cœur s'est arrêté. Ils ont fait ce qu'ils ont pu pour la sauver mais rien n'a marché.

— Je suis vraiment désolée (je me sens tellement bête et inutile en répétant ce mot – «désolée»). Ç'a dû être... horrible.

Elle reprend la poche à douille.

— Oui. J'essaie de ne pas y penser. Mais parfois, je rêve de ce bruit – tu sais, l'encéphalogramme plat.

Une autre larme ruisselle sur sa pommette. Elle se dépêche de l'essuyer.

— Je ne pleure pas d'habitude.

— Ce n'est pas grave (je la serre un peu contre moi). Je regrette vraiment de m'être autant plainte de ma mère alors qu'elle, au moins, elle est...

Je me tais, craignant d'avoir encore fait une bourde.

— Elle est vivante, complète Violet. Ne t'inquiète pas (elle attaque le cupcake suivant). J'avoue que ta mère a l'air pénible. Quelque part, j'ai de la chance – Tante Hilda est très gentille avec moi.

Sa main tremble, et elle rate son dessin. Je le racle avec la pointe d'un couteau pour qu'elle puisse recommencer.

— Mais elle ne sera jamais ma mère.

— Ouais.

Je ne sais pas quoi dire d'autre. Je me souviens de la douleur intense que j'ai éprouvée en voyant l'ambulance garée devant chez moi. J'avais eu si peur. Quand papa est parti, je me suis sentie triste. Pendant un temps, je me suis demandé ce que j'aurais pu faire pour le retenir. Je me suis demandé si j'étais coupable, si j'avais été une assez bonne fille. Mais papa était presque toujours au travail ou avec ses amis. Il ne nous a jamais consacré beaucoup de temps, à Kelsie et à moi, alors on ne peut pas dire que le changement ait été brutal après son départ. Kelsie marchait juste, et elle se souvient à peine de lui. Mais si quelque chose devait arriver à maman...

Je réprime un frisson. Elle n'est peut-être pas parfaite – loin de là – mais c'est ma mère.

— Tante Hilda m'a recueillie parce qu'il n'y avait personne d'autre pour s'occuper de moi. Je crois qu'elle n'en avait pas très envie. Après tout, elle a sa vie. Elle aime sortir avec ses copines après le travail. L'ennui, c'est qu'elle ne veut pas me laisser toute seule. En plus, elle a divorcé il y a environ un an, et elle est inscrite sur un site de rencontres en ligne. Alors… je l'encombre un peu… tu vois.

— Non, je suis sûre que c'est faux.

Elle hausse les épaules.

— Bref. Au moins j'ai ça.

Elle désigne les magnifiques cupcakes nacrés et scintillants.

— Oui.

— Voilà, maintenant tu es au courant, dit-elle en me regardant de ses yeux violets, de la même couleur qu'un bleu sur la peau. Ma vie résumée en quelques mots.

Je hoche la tête.

— Alors, qu'est-ce qu'on fait maintenant ? demande-t-elle. Au sujet du Club des Petits Chefs Anonymes ? J'ai besoin de savoir – tu es toujours partante ?

— Oui. Je suis motivée comme jamais.

*

Motivée comme jamais.

Évidemment. Violet a besoin d'une amie autant que moi, et puis je représente la moitié des membres du Club. Enfin... le quart maintenant.

Cette nuit-là, incapable de dormir, je reste allongée les yeux grands ouverts dans mon lit. Le fait que Violet ait dévoilé notre secret à Gretchen – même si elle pensait bien faire – continue de me préoccuper. Pendant qu'on nettoyait la cuisine après avoir terminé les cupcakes, Violet m'a assuré que Gretchen était de notre côté et qu'elle garderait le silence. Alison fera comme sa copine – ce n'est pas un problème. Violet m'a promis d'en rediscuter avec elles demain. Elle a aussi proposé qu'on se donne rendez-vous toutes les quatre dimanche. Malgré mes doutes, j'ai répondu :

— D'accord. Mais si Gretchen en parle à qui que ce soit, c'est terminé – je laisse tomber. Tu comprends ?

Violet m'a dit que oui, elle comprenait. Qu'elle s'occupait de tout et que je ne devais pas m'inquiéter.

Je décide de la croire. De toute manière, je n'ai pas le choix.

22
Le nouveau Club des Petits Chefs Anonymes

— Bienvenue au Club des Petits Chefs Anonymes.

Ma voix est moins assurée que lorsque je m'entraînais toute seule à la maison. Je me force à sourire. Violet vient d'entrer dans la cuisine de Mme Simpson, suivie d'Alison et de Gretchen. Cette dernière me regarde avec méfiance.

— Bonjour Scarlett.

— Cette cuisine est terrible ! s'exclame Alison. Ça doit être génial d'avoir une maman blogueuse, non ?

Je jette un coup d'œil à Violet. Il est clair qu'elle ne leur a pas révélé à qui appartenait la cuisine. Elle hausse les épaules d'un air gêné.

— On doit poser quelques règles de base tout de suite.

Je les invite à s'asseoir autour de la table. J'ai sorti des tasses et des verres. L'eau a chauffé dans la bouilloire, et j'ai même préparé un pichet de jus d'orange. Alison et Violet s'installent mais Gretchen reste adossée aux étagères de livres de cuisine, les bras croisés.

Je ne sais pas trop quelle attitude adopter. Dois-je m'asseoir aussi ou rester debout ? Servir les boissons ou non ? Une tension très forte règne dans la pièce. Je choisis de rester plantée au bout de la table et je reprends la parole.

— D'abord, un secret, c'est un secret.

Je fixe Gretchen droit dans les yeux.

Elle lève le menton comme si je l'avais insultée et soutient mon regard.

— On n'en parlera à personne au collège, dit-elle. Si c'est ce qui t'inquiète.

— Ni à ma mère ?

Je m'aperçois que j'ai abattu mes cartes dès le premier tour de jeu. Mais que faire d'autre ?

Elle garde le silence si longtemps que des gouttes de sueur se mettent à perler sur mon front.

— Ni à ta mère.

Nous continuons de nous défier sans prononcer un mot pendant une longue seconde. Puis je décide qu'assez, c'est assez. Je prends place sur une chaise. Je ne sais pas laquelle de nous deux a « gagné », mais la tension commence à refluer.

Gretchen se sert une tasse de thé et je verse du jus dans les verres.

— OK. Ça, c'était la première chose. Mais il y a d'autres trucs que vous devez savoir. Par exemple… ce n'est pas ma maison.

Violet sort les cupcakes du frigo tandis que je leur parle de Mme Simpson. Gretchen essaie de masquer sa surprise, mais je crois déceler un nouveau respect pour moi dans son expression. Je leur explique comment je suis entrée en douce pour nourrir le chat, et comment, par la suite, nous avons rendu visite à Mme Simpson à l'hôpital, Violet et moi.

Quand j'ai terminé, je guette leurs réactions. Je m'attends à des questions, par exemple. Mais elles ont toutes attaqué les délicieux gâteaux roses avec des tourbillons de crème au beurre sur le dessus. Elles les dévorent à pleines dents et elles se régalent bien trop pour parler. Alison s'essuie la bouche.

— Tu peux nous faire confiance, Scarlett. D'ailleurs, le club est chouette justement parce qu'il est secret.

— À ce propos, ajoute Gretchen, on devrait inventer une sorte de mot de passe ou un geste distinctif connu seulement des membres du club.

J'accepte aussitôt.

— Pourquoi pas «banoffee»? suggère Violet.

Gretchen fait la grimace tandis qu'Alison éclate de rire :

— Euh...peut-être pas.

— Vous préférez «pâte d'amande»? insiste Violet.

— Trop compliqué, tranche Gretchen.

Alors je murmure :

— «Chantilly».

— Quoi ?

— «Chantilly».

Les filles se consultent.

— Ouais, acquiesce Gretchen. Ça sonne bien.

— D'accord, dit Alison. Maintenant que cette question est réglée, on cuisine quelque chose ou pas ? Je vous signale que ces parts gratuites ne vont pas se faire toutes seules.

Je vais chercher le petit cahier à la couverture marbrée sur son chevalet.

— Voici le cahier de recettes qu'on utilise depuis le début. Il est vraiment spécial – enfin, c'est ce que je crois.

Violet confirme d'un signe de tête.

Je le tends à Gretchen en signe de paix.

— Qu'est-ce qui vous tente les filles ?

Elles le feuillettent avec curiosité.

— C'est fou que quelqu'un ait pris autant de temps pour écrire tout ça ! s'extasie Alison. Et les images sont trop mignonnes ! Si on essayait la tarte aux fraises du Valet de cœur ?

— Moi, je préférerais le pain d'épices d'Hansel et Gretel, dit Gretchen avant d'ajouter d'un ton presque honteux : j'adore le pain d'épices.

Pendant qu'elles réfléchissent, je vérifie les stocks. À ma grande surprise (pourquoi suis-je encore surprise des miracles qui se produisent chaque semaine dans la cuisine de Rosemary ?), le frigo déborde de fruits frais. Il y a des barquettes de fraises et de myrtilles, des kiwis et même des cerises. Cela fait pencher la balance en faveur du choix d'Alison.

— Je vote pour les tartes aux fruits. On fera le pain d'épices la prochaine fois.

Je jette un coup d'œil à Gretchen pour vérifier qu'elle le prend bien.

— D'accord, fait-elle en haussant les épaules. Si vous voulez.

Je sors les fruits du frigo. Violet paraît stupéfaite aussi – mais comme moi, elle ne cherche pas à comprendre. Je prends les commandes de l'opération :

— D'abord, tout le monde se lave les mains. Ensuite, il faut que l'une de nous nettoie et coupe les fruits pendant qu'une autre s'occupe de la garniture et qu'une troisième personne prépare la pâte... Oh oui ! avant que j'oublie, on doit préchauffer le four.

On se répartit les tâches. Moi, j'aiderai Gretchen à faire la pâte à tarte. Ensemble, nous rassemblons les ingrédients et nous les mesurons dans une jatte.

— C'est ta mère qui t'a appris à cuisiner ? me demande-t-elle.

— Non. Elle ne cuisine pas. Elle n'a pas le temps.

Elle se raidit. Qu'est-ce que j'ai encore dit comme bêtise ?

— Elle n'a pas le temps parce qu'elle est trop occupée à me ridiculiser.

Gretchen suspend son geste.

— Je n'ai jamais compris pourquoi tu étais si en colère. Ta mère a fait de toi une star (elle fronce les sourcils). Ensuite, tu as complètement changé. On avait l'impression que tes amies et les clubs du collège n'étaient plus assez bien pour toi.

— Pas du tout !

Comment peut-elle se tromper à ce point ?

— Alors quoi ?

Je verse la farine dans la jatte.

— Tu sais, avant qu'elle lance son blog, je me sentais plutôt normale. Parfois je faisais des trucs dont je n'étais pas fière... des trucs un peu embarrassants. Mais il n'y avait pas de quoi en faire un plat. Sauf que du jour au lendemain, elle s'est mise à le crier sur les toits. Il suffisait que je pète à table pendant le dîner de Noël ou que je gratte une plaque d'eczéma dans mon sommeil pour que ça fasse la une. Elle a parlé de mes petites culottes, de l'odeur de mes vêtements de sport... Soudain, le moindre détail prenait des proportions incroyables. Je n'arrivais plus à penser à autre chose. J'avais l'impression que tout le monde m'observait en se moquant (je pousse la jatte vers Gretchen). C'est ça, pour toi, être une star? Tu crois franchement que je vous ai évitées pour mieux profiter de ce genre de publicité?

Elle hausse les épaules.

— Sincèrement, je me suis posé des questions. Tu m'as beaucoup aidée pendant ma campagne, et puis à peine j'étais élue, tu as disparu. Je t'ai soupçonnée d'être jalouse – mais dans ce cas, pourquoi tu ne t'es pas présentée? Tu aurais carrément pu gagner.

— Moi?

— Oui, tu étais une fille cool, intelligente, sympa. Tout le monde le pensait.

— Je croyais que j'étais la «fille la plus ennuyeuse de la terre» – je te cite.

— Allez, Scarlett, j'ai dit ça parce que j'en avais marre de ton attitude, c'est tout. Tu ne m'as même pas félicitée quand j'ai remporté l'élection. Je ne comprenais pas ce que j'avais fait de mal.

— Ben, tu as envoyé un mail à ma mère, par exemple.

Gretchen se retourne, les poings sur ses hanches.

— Je trouvais ta mère géniale au début, j'étais fan. Pour info, c'est elle qui m'a écrit, pas le contraire. Je suis déléguée des élèves, après tout. Elle m'a cuisinée parce que tu ne lui parlais plus. J'ai cru qu'elle s'inquiétait, et voilà. Je lui ai dit que je ne savais pas d'où venait le problème, que tu avais peut-être tes ragnagnas... Comment je pouvais deviner qu'elle allait poster ça sur son blog?

— Alors c'est juste un malentendu?

— Faut croire.

J'ajoute le beurre coupé en dés et je mélange. Inutile d'attendre des excuses qui ne viendront pas. D'ailleurs, je me demande maintenant si ce ne serait pas plutôt à moi de présenter des excuses. Peut-être que je l'ai rejetée un peu trop vite – comme Stacie avec moi. J'aurais dû lui expliquer ce que je ressentais il y a déjà six mois. Et s'il n'était pas trop tard?

Je m'écarte et je la laisse continuer d'incorporer le beurre dans la farine.

— Je suis contente que tu aies remporté l'élection. Et que tu sois ici avec nous.

— OK.

— J'ai très mal vécu cette histoire avec maman. Avant le blog, on s'entendait bien, elle et moi – enfin, on avait des relations normales. Mais depuis, c'est toujours «Au secours, ma fille a fait ci!» et «Psst! Ma fille a fait ça». Et je suis certaine d'une chose: je ne veux pas qu'elle découvre notre secret.

— Elle ne le saura pas par moi (Gretchen s'arrête pendant une longue seconde). Je te le promets.

— D'accord.

Je la crois. J'espère que je ne le regretterai pas.

Les yeux fermés, je mords dans la tarte aux fruits. Différentes saveurs me chatouillent le palais: la pâte est légère et croustillante, la garniture riche et tremblotante. Les fruits frais, joliment arrangés par Violet sur le dessus, sont recouverts d'un glaçage transparent et collant à l'abricot. À la fin de la soirée, l'ambiance est assez détendue entre nous quatre. Je dois admettre qu'on ressemble plus à un vrai club maintenant. Gretchen se propose de déposer les tartes à la cantine avant le déjeuner. Ouf, je suis soulagée.

— C'est sûr, personne ne devinera que c'est moi ! plaisante-t-elle.

Une fois les tartes réservées au frais, nous nettoyons la cuisine, Violet, Gretchen et moi (Alison se débrouille pour couper au ménage en répondant à des textos). Nous nous assurons une dernière fois de ne laisser aucune trace visible de notre passage. Au moment de partir, je ferme la porte et je replace la clé sous le paillasson. Ensuite, nous répétons toutes le mot de passe secret : « chantilly ».

23
Trop beau pour être vrai

La situation est presque trop parfaite, je devrais me méfier. Il s'agit quand même de ma vie – si elle pouvait se dérouler sans accroc, je le saurais. Aucun incident n'est à signaler le lendemain. Gretchen et Alison me disent bonjour dans le hall, mais ça s'arrête là – elles sont correctes, sans plus. Comme d'habitude, Violet esquisse des sourires discrets à mon intention. Gretchen se porte volontaire pour faire des photocopies, du coup elle n'a même pas besoin du passe pour les toilettes. Pas de bagarre ni de vomi à la cantine à midi – tout le monde fait gentiment la queue pour avoir sa part de tarte aux fruits. J'entends des « mmm » et des « miam ». Mes camarades chuchotent que les gâteaux sont à tomber et qu'ils adorent le Club des Petits Chefs Anonymes. Mieux encore, Nick Farr semble être notre plus grand fan. En me glissant dans la file, je le surprends en train de dire à Gretchen :

— J'aimerais tellement savoir cuisiner comme ça.

Pendant une fraction de seconde, je m'évade dans un rêve. Les bruits du réfectoire s'estompent et l'action se déroule au ralenti. Il n'y a plus que lui et moi. Nous sommes seuls au monde. Je m'avance vers lui avec aplomb, je lui tape sur l'épaule et je lui lance :

— Pourquoi tu ne te joins pas à nous ?

Bon, évidemment, je ne passe pas à l'acte.

À la place, je me contente d'apprécier le spectacle et le succès populaire du club que nous avons créé, Violet et moi, même si personne ne saura jamais que je suis impliquée. Enfin, je l'espère en tout cas.

Parce que sitôt le déjeuner terminé et l'euphorie envolée, je ressens comme un élancement au niveau de mon estomac, une douleur lancinante qui refuse de s'en aller. Pour citer une des phrases favorites de maman : « Les choses qui paraissent trop belles pour être vraies le sont, en général. »

Après les cours, les filles et moi nous nous retrouvons chez Mme Simpson. Nous prononçons le mot de passe « chantilly » avant de rentrer (en gloussant un peu parce que c'est quand même idiot, à notre âge, d'avoir un mot de passe). Rien n'a changé à l'intérieur depuis la veille. Gretchen et Violet se félicitent du succès de nos tartes au collège tandis qu'Alison feuillette le petit cahier très spécial en quête d'une nouvelle recette.

M'apercevant que j'avais oublié de fermer la porte d'entrée à clé, je ressors de la cuisine. C'est alors que je remarque un van à l'arrêt dehors. Je vois flou à travers le panneau de verre coloré mais un mauvais pressentiment me gagne – non, ça ne pouvait pas durer. Mon cœur cogne à tout rompre dans ma poitrine.

Les autres rient et parlent fort dans la cuisine. Je m'apprête à les rejoindre quand j'entends une voix à travers la porte :

— Tu es sûre que tu vas pouvoir te débrouiller seule ? L'infirmière ne passe que demain.

Puis la réponse perçante d'une vieille dame :

— Sottises ! Je n'ai besoin de personne chez moi. Envoie ton infirmière si ça te chante, mais je ne lui ouvrirai pas !

Une clé s'enfonce dans la serrure.

Je reste plantée là, paralysée. La porte s'ouvre et je me retrouve nez à nez avec Rosemary Simpson.

De surprise, elle laisse échapper un cri étranglé.

— Madame Simpson, ne vous inquiétez pas – tout va bien ! dis-je précipitamment.

Je me précipite pour l'aider à entrer. Les cheveux qui s'échappent de son chignon bas et serré ressemblent à des bouts de fil de fer. Elle s'appuie lourdement sur une canne.

— Qui es-tu? Qu'est-ce que tu fais ici?

Elle soulève sa canne avec sa main noueuse et l'agite sous mon nez.

— Ouste!

Je m'écarte en levant les mains afin d'éviter un coup involontaire. Je suis consciente de la présence des autres filles, qui regardent par l'entrebâillement de la porte de la cuisine, juste derrière moi.

— Je m'appelle Scarlett. Je suis votre voisine. Je... euh... je passe nourrir votre chat.

Elle roule des yeux affolés et injectés de sang.

— Ganache? Où est-il? Qu'as-tu fait de lui?

— Rien. Je ne l'ai pas vu depuis plusieurs jours. Mais j'étais justement venue vérifier si... s'il était de retour.

Elle se dévisse le cou en le cherchant partout.

— Ganache? appelle-t-elle.

— Il n'est pas ici.

Elle fait volte-face. Je suis si étonnée de la vivacité de son mouvement que je recule de quelques pas. Violet vient se placer à côté de moi.

— Bonjour madame Simpson, dit-elle. Voulez-vous une tasse de thé ? Il nous reste quelques cupcakes de mon anniversaire. Avec un glaçage à la crème au beurre et des paillettes. Ils sont très réussis.

La vieille dame cligne des yeux et se penche en avant. Son visage ridé pâlit comme si elle venait de voir un fantôme.

— Des cupcakes ? répète-t-elle. Avec de la crème au beurre ?

Elle regarde autour d'elle d'un air complètement perdu. Ses yeux se posent de nouveau sur Violet.

— Oui, je vais en goûter un (elle se dirige vers la cuisine cahin-caha). Et je prendrai du thé avec deux sucres et un nuage de lait.

Gretchen et Alison se dépêchent de sortir des tasses et de poser les derniers cupcakes sur une assiette. Violet escorte Mme Simpson avant de lui tirer une chaise pour la faire asseoir.

Pendant que mes amies s'affairent, servant les gâteaux, préparant le thé, moi, je me tiens soigneusement à l'écart. Nous retenons toutes les quatre notre souffle lorsque Mme Simpson prend un cupcake entre ses doigts tremblants, le porte à ses narines et respire son parfum. Elle étudie les décorations, les paillettes roses et la fleur en violettes et pétales de roses cristallisés au centre. Puis, les sourcils froncés, elle prend une bouchée.

Elle mâche en faisant claquer son dentier pendant une éternité. Enfin, elle avale. J'ai l'impression que je suis à un concours de cuisine télévisé et que j'attends le verdict des juges. Utilisant sa canne comme pivot, elle se tourne sur sa chaise et me regarde bien en face.

— Toi, dit-elle en pointant un doigt flétri. C'est toi qui es à l'origine de tout ça?

Ma bouche s'assèche.

— Euh... oui madame Simpson. C'est moi. On ne devrait pas être là, je le sais. Et je suis désolée. On va partir et on ne reviendra plus jamais. Ou...vous pouvez appeler ma mère si vous voulez? S'il vous plaît, n'attirez pas de problèmes à mes copines. Tout est de ma faute, elles n'y sont pour rien.

— Non, m'interrompt Violet. C'est faux. On s'est toutes servi de la cuisine. On est toutes responsables.

— Chut! fait Mme Simpson sans cesser de me dévisager. Au goût, je dirais qu'il y a une cuillerée à café de levure en trop. Vous en avez mis deux au lieu d'une. On ne vous apprend plus les mathématiques de nos jours?

— Ah bon? Je croyais pourtant n'en avoir mis qu'une, dit Gretchen. Je me suis peut-être trompée.

— La crème au beurre est trop épaisse (elle se tourne vers Violet). Il fallait mettre une larme de lait en plus. Et il manque une touche de vanille (elle lèche ses lèvres ridées). À part ça... c'est passable.

— Passable ?

Elle nous étudie tour à tour et poursuit en nous sermonnant un peu :

— Vous avez prouvé que vous étiez capables de suivre une recette. Vous savez mélanger des ingrédients, les mettre dans un plat et le coller dans le four. Tss... À ce propos, le flapjack que vous m'avez apporté n'était pas assez cuit au centre. Vous auriez dû le laisser plus longtemps en baissant le thermostat (elle pose un regard d'aigle sur Violet). Ce n'était pas une mauvaise idée d'ajouter des violettes, mais le résultat était trop sucré. En un mot comme en mille, vous avez trouvé ma cuisine, vous avez fait vos petites expériences de pâtisserie et de confiserie... Bref, vous vous êtes bien amusées. Mais maintenant...

Elle croise les bras. Ses dernières paroles résonnent dans la pièce. Je me mords la lèvre. Elle va nous chasser de chez elle.

— ... maintenant, vous devez apprendre à cuisiner.

24
Un plat qui tient au corps

Je comprends mieux la vieille expression «mettre quelqu'un à toutes les sauces». Disparus les cupcakes et le banoffee pie ; les flapjacks et les tartes aux fruits ne sont plus qu'un vague souvenir. Mme Simpson a décrété que nous devions apprendre à cuisiner, et elle ne plaisante pas.

— Ne croyez pas que vous savez cuisiner parce que vous arrivez à préparer en vitesse quelques puddings (elle nous scrute, chacune notre tour, avec ses yeux bleus profonds et pétillants). De nos jours, les filles sont bien trop maigrichonnes. De mon temps, on avait le rationnement (elle secoue la tête comme si ce souvenir était encore douloureux). Pas de sucre, pas de bonbons. On apprenait à cuisiner des plats qui tenaient au corps.

Je hoche la tête poliment. Soudain, j'ai envie d'un plat nourrissant.

Elle feuillette le cahier, marque des pauses, réfléchit.

— Vous savez ce qui me manquait le plus quand j'étais petite, après la guerre? demande-t-elle en haussant ses sourcils broussailleux.

Nous secouons la tête.

— Les œufs. Je vous assure. De vrais œufs bien cuits, et tout ce qui va avec. Mais à ce moment-là, on n'avait plus que des œufs en poudre. Vous ne savez pas la chance que vous avez (elle pince les lèvres). Aujourd'hui, je n'utilise que des ingrédients bien frais – c'est un des secrets pour devenir une bonne cuisinière.

Je m'enquiers timidement:

— C'est ça, l'ingrédient secret?

Ma question semble la surprendre.

— Non. Non, ce n'est pas ça. Pas du tout. Ça n'a rien à voir.

Ses yeux paraissent soudain vitreux, et son regard lointain. Pendant un moment, j'ai peur d'avoir tout gâché. Je regarde par terre, osant à peine respirer.

— Donc, nous allons commencer par ça.

Elle se ressaisit et pose le cahier sur son support. Je soupire de soulagement. Elle a opté pour la recette des œufs Bénédicte de la Petite Poule Rousse.

— Si vous n'êtes pas fichues de préparer correctement un œuf, autant sortir tout de suite de ma cuisine.

*

À nous quatre, penchées au-dessus de nos bols, nous cassons une bonne douzaine de coquilles avant que Mme Simpson se déclare à peu près satisfaite de notre technique. Même Gretchen sue à grosses gouttes. Mme Simpson charge celle-ci de pocher les œufs et de couper le jambon, Violet et Alison de faire cuire des muffins, et moi de préparer une sauce hollandaise.

Tandis que la vieille dame aide Gretchen à sortir tous les ustensiles des placards, je me tourne vers Violet :

— J'ai l'impression que le Club a gagné un nouveau membre.

— C'est un peu bizarre, tu ne trouves pas ? me répond-elle à voix basse.

— Quoi ?

— Qu'elle nous laisse continuer à cuisiner chez elle.

Je hausse les épaules.

— Ça doit être le deuxième effet flapjack.

— Ou alors elle se sent seule, intervient Alison.

Un nuage de farine se soulève quand elle renverse le paquet au-dessus du saladier. Je conclus la conversation sur une note enjouée :

— Dans tous les cas, autant en profiter !

Nous sommes comme ensorcelées. Une heure s'écoule, puis une deuxième. Plus rien ne compte – que nous soyons attendues chez nous, que nous ayons des devoirs, tout cela n'a plus aucune importance. Les muffins cuisent, la sauce hollandaise s'émulsionne. Mme Simpson nous raconte des histoires sur la façon dont les gens cuisinaient pendant la guerre. Dans son enfance, il n'y avait ni hypermarché ni plats tout prêts à passer au micro-ondes. Pour l'essentiel, elle nous laisse nous dépatouiller avec la recette. De temps en temps, elle donne quelques instructions de sa voix chevrotante et tape le sol avec sa canne pour appuyer ses propos. Nous galopons aux quatre coins de la pièce, comme des filles de cuisine d'autrefois.

Nous terminons la préparation de nos œufs Bénédicte à 8 heures. Mon estomac gargouille. Aucune de nous n'a avalé quoi que ce soit depuis la sortie du collège. Violet dresse les assiettes : elle met d'abord le muffin, puis le jambon, un œuf et verse un filet de sauce hollandaise pour napper le tout. Nous échangeons des petits coups d'œil pendant que Mme Simpson s'attable et découpe un morceau. Nous avons la gorge serrée – en tout cas, moi, je peux à peine respirer.

La vieille dame porte la fourchette à ses lèvres et engloutit une bouchée. Elle fait exprès de mâcher très lentement. La peau de son cou tremblote quand elle déglutit.

Puis elle lève les yeux.

— Eh bien ! s'exclame-t-elle avec un geste agacé. Ne restez pas plantées là à bayer aux corneilles ! Asseyez-vous et mangez.

Les filles ne se font pas prier. Moi, je ne bouge pas. J'attends, les poings sur les hanches.

— Vous n'allez pas nous dire ce que vous en pensez ?

Elle tourne la tête vers moi tout en mastiquant consciencieusement. Elle tamponne ses lèvres avec une serviette et prend une gorgée de thé.

— C'est vous qui l'avez cuisiné, répond-elle. Qui mieux que vous-mêmes pourrait répondre à cette question ?

— Oh.

Je ne suis pas sûre de bien comprendre. Mais je m'installe sans protester.

Mes amies et moi, nous prenons nos fourchettes et nos couteaux en silence, un peu stressées, comme si nous passions une sorte de test. Je découpe une part de la petite tour à l'œuf et au muffin. Le goût est authentique, à la fois nouveau et familier. Je m'aperçois que je n'ai jamais vraiment fait attention aux différentes saveurs et textures de ce que je mangeais jusqu'à présent. Peut-être qu'apprendre à cuisiner, c'est en partie apprendre à manger. Je remarque que Mme Simpson m'observe à son tour pendant je mastique. Ses lèvres pincées forment une ligne fine, elle opine légèrement du chef. Je souris, les yeux baissés. Je sais que c'est bon.

Les assiettes se vident en un rien de temps. Je n'ai qu'un regret : ne pas avoir doublé les proportions. Lorsque je propose à Mme Simpson de commencer la vaisselle, elle me répond :

— Prenons d'abord un moment pour discuter de ce que nous avons préparé ce soir et de ce que nous avons appris.

Elle fait le tour de la table en demandant à chacune son opinion sur le plat.

— Il a bon goût, dit Alison.

— Et c'était drôle à préparer, ajoute Violet.

Mais Mme Simpson continue de nous questionner ; elle nous interroge sur l'équilibre de l'assaisonnement, la texture des œufs, le croustillant des muffins. Gretchen a trouvé que la sauce était un peu trop liquide ; Violet estime que le fond de son muffin était trop cuit. Quand mon tour arrive, j'ai du mal à trouver les mots.

— Il... il m'a semblé que tous les ingrédients allaient vraiment bien ensemble. Qu'ils se complétaient naturellement.

Pour la première fois de la soirée, Mme Simpson affiche un sourire. Son visage rajeunit d'un coup. Je souris moi aussi, contente d'avoir donné une « bonne » réponse.

— Dans ce cas, annonce-t-elle, je crois que nous pouvons nous arrêter là. Maintenant, hop, au travail ! Je veux que cette cuisine brille comme un sou neuf.

Nous répondons en chœur :

— Oui madame Simpson.

Nous nous levons d'un bond pour attaquer le marathon des corvées – nettoyer les plats, le plan de travail, ranger les ingrédients et dégraisser la cuisinière. J'épie Mme Simpson du coin de l'œil tandis qu'elle sirote une autre tasse de thé. Ce soir, grâce à elle, j'ai redécouvert la cuisine. Et je suis fière de nous. Cette sensation du devoir accompli me procure une grande satisfaction.

Alors que je termine de sécher les plats, je constate que les paupières de Mme Simpson sont closes. Elle dodeline de la tête, et ses doigts se desserrent autour de sa canne, qui finit par tomber sur le carrelage dans un bruit sec.

— Il faut qu'on l'aide à s'allonger.

Nous retirons nos tabliers et nous accompagnons Mme Simpson jusqu'au canapé du salon. Nous la couvrons d'une couverture en laine orange. Il ne lui faut pas plus d'une minute pour s'endormir. Quel choc ç'a dû être pour elle de rentrer de l'hôpital pour trouver un groupe de collégiennes réuni dans sa cuisine ! On aurait dû partir il y a des heures. Quelle bande d'irresponsables ! Pendant que nous lui enlevons ses chaussures, je chuchote à Gretchen :

— Tu crois qu'on peut la laisser comme ça ?

— On n'a pas tellement le choix. Tant qu'elle dort, il ne peut rien lui arriver.

— Oh-oh ! fait Alison en consultant l'écran de son téléphone pour la première fois de la soirée. J'avais dit à ma mère que j'étais chez toi, Gretch, et que je serais rentrée à 8 h 30 au plus tard. Il est presque 9 h 30. En plus, il me reste des devoirs...

Gretchen hausse les épaules.

— On est toutes dans le même bateau.

Je cherche autour du canapé.

— Quelqu'un a pris sa canne ? Elle en aura besoin quand elle se réveillera.

— Non, elle est restée dans la cuisine, je crois, me répond Violet.

— Je vais la récupérer.

Je retourne dans notre antre à nous. Le petit cahier de recettes est fermé, comme s'il se reposait pour la nuit. Les assiettes et les plats tout propres sont alignés sur l'égouttoir. Les poêles et les casseroles sèchent derrière la cuisinière. J'entends un petit sifflement. On aurait laissé un robinet ouvert quelque part ? Je vérifie l'évier de la cuisine – non, le robinet est bien fermé. Je repère un torchon mouillé en boule sur le plan de travail. Je le déplie et je l'étends sur la porte du four pour qu'il sèche plus vite. Puis je ramasse la canne de Mme Simpson et je fais demi-tour. Je laisse la canne en appui sur le canapé pour qu'elle la voie à son réveil.

— Allons-y. Je passerai demain matin pour m'assurer que tout va bien.

Nous attrapons nos cartables et nous nous ruons dehors. Nous sommes si pressées que personne ne songe à donner le mot de passe secret.

C'est peut-être là que nous avons commis une erreur.

25
Un ciel couleur ketchup

Je rentre en veillant à ne pas faire de bruit. On distingue un rai de lumière sous la porte de l'Antre de maman. Je traverse la cuisine sur la pointe des pieds et je me dirige vers l'escalier quand elle surgit comme un vent de tempête.

— Scarlett ! Où étais-tu encore passée ? Tu m'as fait une de ces peurs (elle me serre contre son pull qui sent le renfermé). J'étais à deux doigts d'appeler la police. Je t'avais pourtant dit de ne jamais recommencer !

Je suis si fatiguée que je reste là sans réagir, écrasée contre sa poitrine.

— Pardon maman. Mais je t'ai parlé de notre projet de sciences. On travaille en binôme pour construire (je me gratte la tête – qu'est-ce que c'est déjà, le programme de sciences, cette année ?)... une voiture qui marche à l'énergie solaire.

— Vraiment ?

— Je me suis mise avec une nouvelle, Violet.

Elle me lâche brusquement. Je manque de m'écrouler.

— Oui, je crois que tu m'en avais parlé… Enfin, peut-être. Je ne me souviens pas bien (elle hausse les épaules d'un air dégagé). En tout cas, il est temps que tu aies un téléphone portable. Pour que je sache où tu es.

— Un téléphone ? C'est vrai ?

Elle a toujours été opposée à ce que les filles de mon âge possèdent un téléphone ou une tablette. Quand j'utilise son vieil ordinateur portable et son imprimante pour faire mes devoirs, elle me coupe carrément l'accès à Internet. Elle a déjà écrit un post sur le thème : « De mon temps, ça n'existait pas… donc vous pouvez très bien vous en passer ».

— Ce serait génial.

— Je me suis fait un sang d'encre, Scarlett. J'espère que tu en as conscience.

Je hoche la tête en silence. J'aimerais dire quelque chose, au moins la remercier de s'être inquiétée pour moi. Mais les mots refusent de sortir.

— Tu sais… il se passe des choses étranges dans cette maison parfois (elle fixe le mur avec une expression distraite). Je sens sans arrêt des odeurs de cuisine en ce moment. Et elles font remonter des souvenirs...

— Ah bon? Lesquels, par exemple?

— Oh, laisse tomber (elle tourne les talons et retourne dans son Antre). Il faut que je me remette au travail. À propos, puisque tu m'as flanqué la trouille de ma vie, tu es privée de sortie.

Privée de sortie! J'essaie de protester mais elle me claque la porte au nez. C'est la première fois qu'elle me prive de sortie. Je l'imagine s'installer devant son écran en se frottant les mains avant de taper le titre de son nouvel article: «Petit quiz pour les mamans: calculez combien d'années votre fille vous coûte en espérance de vie».

Mais tant qu'elle n'entend pas parler du Club des Petits Chefs Anonymes, je pourrai supporter n'importe quoi. Depuis que cette aventure a commencé, je me sens plus forte, j'ai repris confiance en moi. Je renoue avec moi-même.

Je monte à l'étage me brosser les dents. Je ne me rappelle pas avoir jamais été aussi heureuse de retrouver mon lit. Je remonte la couette jusque sous mon menton et je ferme les yeux. Mais le sommeil ne vient pas. Je repasse le film de la soirée dans ma tête : de l'arrivée surprise de Rosemary Simpson à ce délicieux plat aux œufs que nous avons concocté. Quel plaisir d'avoir l'estomac rempli d'une nourriture saine et réconfortante. Pourtant, un petit doute persiste au fond de moi et refuse de me laisser tranquille. Je perçois une sorte de sifflement – comme si un robinet coulait quelque part...

— Réveille-toi Scarlett !

Une main me secoue dans l'obscurité. Une étrange lueur rouge orangé brille derrière les voilages et une drôle d'odeur me pique le nez.

— Le ciel a la même couleur que le ketchup, me dit Kelsie (elle m'arrache ma couette). Viens voir.

Encore somnolente, je balance mes jambes hors du lit en gémissant. Mon sang ne fait qu'un tour. Il y a un problème. Maman grimpe les marches de l'escalier quatre à quatre.

— Les filles ! hurle-t-elle paniquée. Il faut sortir, vite ! Il y a un incendie.

Un incendie !

Le cri d'une sirène annonce l'arrivée des secours. Le gyrophare du camion des pompiers clignote maintenant sur fond rouge tomate.

— Mme Simpson ! Elle est à l'intérieur.

— Qui ?

— Notre voisine ! Elle vient juste de rentrer de l'hôpital.

Nous nous précipitons dehors. Les voisins forment un petit attroupement sur le trottoir d'en face.

Un flot de pompiers se déverse du camion brillant – ils sont au moins six. Ils foncent sur la porte d'entrée de Mme Simpson. L'un d'eux essaie d'ouvrir en tournant la poignée, sans succès. Il s'apprête à l'enfoncer quand je cours vers eux en criant :

— Il y a une clé sous le paillasson !

Pendant que son collègue ramasse la clé, un autre me dit :

— S'il te plaît, recule, petite. Retourne sur l'autre trottoir.

— Scarlett ? s'affole maman. Reviens ici tout de suite.

Elle me tire par le bras en veillant à ne pas lâcher Kelsie. Je traverse la rue, puis je me retourne. Pétrifiée, je regarde les pompiers entrer. Au lieu d'un nuage de fumée âcre, c'est le cri de terreur d'une vieille dame qui jaillit :

— Qui êtes-vous jeune homme ? Sortez immédiatement de chez moi. Ouste !

En les voyant s'approcher avec une grande civière, les protestations de Mme Simpson redoublent :

— Je suis ici chez moi, et vous ne me ferez pas partir !

Les derniers traînent derrière eux un manche à incendie tout mou. Je distingue un bruit de verre brisé. Puis une voix masculine :

— S'il vous plaît, madame ! Nous sommes là pour vous aider. Un feu a pris dans votre cuisine.

Maman étant occupée à empêcher Kelsie de sucer son pouce, je saisis ma chance et je déguerpis. Malheureusement, un voisin me dénonce.

— Scarlett ! hurle maman.

Je continue malgré ses appels. Mme Simpson me connaît – je pense pouvoir la convaincre de quitter sa maison.

À l'instant où je pose le pied sur le trottoir, une Mercedes noire s'arrête. Je me fige. Un homme saute de la voiture : grand, le front haut, le nez fin et les cheveux bruns plaqués en arrière. Il porte un élégant costume noir et des chaussures assorties impeccablement cirées. Il se tourne vers la foule et la salue brièvement de la main. Puis il passe à côté de moi à grandes enjambées.

— Tante Rosemary ?

L'eau commence à fuser du tuyau.

— Non ! s'indigne Mme Simpson. Coupez-moi cette eau tout de suite !

M. Mercedes doit être le fameux neveu, M. Kruffs. Je l'imaginais différent – plus petit, plus râblé, dans le genre caniche poudré à un défilé canin. Cet homme m'évoque plutôt un Croquemitaine de cinéma – je n'aimerais pas tomber sur lui à l'improviste au coin d'une rue.

Deux pompiers finissent par traîner Mme Simpson à l'extérieur. On dirait une criminelle résistant à son arrestation tant elle se débat. M. Kruffs tente tout pour se faire remarquer. Il prend le bras de sa tante, fait signe au public que la situation est sous contrôle – il joue clairement la carte de l'homme politique sauvant une vieille dame d'une maison en feu. Plusieurs personnes le prennent en photo avec leur portable.

Mme Simpson dégage son bras d'une secousse.

— Tu peux t'en aller, Emory. Tout va bien.

— Tout va bien ? répète-t-il à voix basse. Ta maison brûle – avec toi dedans !

— Eh bien... dit-elle en arrachant sa canne à un pompier, ces messieurs s'en occupent. Ce n'est qu'un petit feu de rien du tout (elle se tourne vers les gens amassés de l'autre côté de la rue et secoue sa canne)... Du balai !

Je m'approche d'elle et je lui adresse la parole d'une voix douce :

— Madame Simpson ? Vous êtes saine et sauve ? Je peux vous aider ?

Son neveu me fusille du regard et me toise avec mépris, comme si je venais de jeter un œuf sur sa voiture.

— Qui es-tu ?

Je ne me laisse pas impressionner.

— La voisine.

— Éloigne-toi, s'il te plaît. Tu n'es pas en sécurité ici.

Mme Simpson me regarde de ses yeux bleus implorants.

— Scarlett ? fait-elle confuse.

— Oui, madame Simpson (ignorant M. Kruffs, je m'avance et je passe délicatement mon bras sous celui de la vieille dame). Vous m'accompagnez sur l'autre trottoir ? Il n'y en aura pas pour longtemps.

Elle jette un coup d'œil à son neveu. Pendant qu'elle se tâte, un autre pompier ressort.

— Nous maîtrisons la situation, crie-t-il assez fort pour que les voisins réunis l'entendent. Vous pouvez retourner vous coucher.

Quelqu'un ricane. Personne ne bouge. Je cherche maman. Elle est en train de discuter avec une dame qui habite plus bas dans la rue. Je capte quelques mots à propos de Boots et du kit de survie pour mamans débordées.

M. Kruffs se plante à côté du pompier.

— Vous n'avez aucune raison de vous inquiéter (il arbore un large sourire face aux flashs qui crépitent). Je crois que nous pouvons libérer le passage maintenant et laisser nos courageux pompiers achever leur mission.

Des murmures montent de la foule et quelques familles commencent à repartir.

Penchée sur Mme Simpson, j'écoute la conversation entre le pompier et M. Kruffs.

— Ce n'était pas méchant. L'incendie a vite été maîtrisé. La cuisinière était mal éteinte et un torchon a pris feu.

— Un torchon...

Je plaque une main sur ma bouche. « Qu'est-ce que j'ai fait ? »

— La fumée a causé quelques dégâts, un châssis de fenêtre a brûlé et une vitre est cassée. Ç'aurait pu être bien plus grave.

Mais *c'est* grave. Il suffit de regarder la grimace angoissée de M. Kruffs pour s'en douter.

— La cuisinière était mal éteinte..., répète-t-il.

Il secoue la tête d'un air tragique.

— Vraiment, Tante Rosemary.

Je me sens obligée de la défendre :

— Ce n'était pas sa faute !

Je me sens tellement coupable et j'ai si peur que j'en tremble de tous mes membres.

— S'il te plaît, reste en dehors de ça, me dit M. Kruffs d'un ton sec avant de s'adresser de nouveau à sa tante. C'est bien la preuve que tu ne peux plus vivre ici toute seule.

Le visage de Rosemary se décompose.

— Bien sûr que si, rétorque-t-elle. Et je ne serais pas toute seule si tu n'avais pas emmené Ganache.

M. Kruffs semble blessé. Il hausse les épaules.

— Tu ne devrais pas plutôt me remercier ? Le petit glouton aurait pu mourir de faim pendant que tu étais à l'hôpital.

Je le coupe de nouveau :

— Ganache n'est pas un glouton. Et il ne serait pas mort de faim puisque je le nourrissais. Vous devriez le ramener.

J'ai l'impression d'être scrutée par un vautour perché sur une branche.

— Ce ne sont pas tes affaires.

La main osseuse de Mme Simpson se resserre sur mon bras. J'éprouve le besoin de la protéger.

— Si, ce sont mes affaires. Mme Simpson est ma voisine – nous avons un mur mitoyen. Si sa maison avait brûlé, la nôtre aurait brûlé aussi. Allons, venez madame Simpson. Je vais demander à maman si vous pouvez dormir chez nous cette nuit.

— Voilà Emory, tu vois?

Après avoir lancé un dernier regard de défi en direction de son neveu, Rosemary se laisse emmener. Elle boitille en s'appuyant lourdement sur mon bras et sur sa canne.

— Je reviendrai demain matin, dit M. Kruffs.

En deux pas, il regagne la portière de sa Mercedes noire et s'installe derrière le volant.

— Nous rediscuterons de tout ça. Cette fois, je vais être forcé de prendre des mesures.

Mme Simpson se met à frissonner des pieds à la tête. Je chuchote:

— Ça va aller. Ne vous inquiétez pas.

— Empêche-le de m'enfermer dans une maison de retraite, s'il te plaît.

Je me mords la lèvre.

— Je vous le promets, madame Simpson.

26
Du sirop d'érable

Comment puis-je tenir ce genre de promesse ? C'est moi qui suis sortie en dernier de la cuisine et qui n'ai pas vu que la cuisinière était restée allumée. Moi qui ai mis le torchon trop près. Je suis responsable de l'incendie, et Mme Simpson en paie les conséquences ! Je reste debout près d'elle. J'ai la sensation que ma poitrine va éclater. Tout à coup, maman traverse la rue comme une furie en traînant ma sœur derrière elle. Elle me prend par le bras et m'attire un peu à l'écart.

— Scarlett, me gronde-t-elle. Cet homme est un représentant politique. Tu lui as parlé de façon très grossière. Est-ce que tu peux m'expliquer ce qui se passe ?

— Maman...

Ma gorge se noue. « Dis-lui. Non, ne lui dis pas. Oh... qu'est-ce que je dois faire ? » Je respire à fond et je me ressaisis.

— S'il te plaît, est-ce que Mme Simpson peut dormir chez nous ? Apparemment, les pompiers ont laissé pas mal de bazar derrière eux. Elle a besoin d'un lit pour cette nuit.

Maman étudie brièvement la silhouette voûtée de Mme Simpson. Ses joues sont rougies par le froid – à moins qu'elle se soit échauffée en soûlant la voisine de ses histoires de comité de sélection des produits Boots.

— Franchement, Scarlett ! me chuchote-t-elle en prenant un air accablé. On ne peut pas garder quelqu'un chez nous comme ça ! Où veux-tu qu'elle dorme ?

— Dans mon lit, ou sur le canapé – on s'en fiche.

— Mais on ne la connaît pas...

— On ne peut quand même pas la laisser dehors ! C'est notre voisine, et il y a eu un incendie chez elle. Il faut l'aider.

— J'ai une échéance à respecter pour le travail – je suis *overbookée* (elle secoue la tête)... Tu le sais pertinemment, Scarlett.

Je soupire.

— Oui, je ne risque pas d'oublier. Tu dois écrire ton nouveau billet. Ce sera quoi cette fois ? « Au secours ! Ma fille ramasse des vagabonds dans la rue ! » Ou « Psst ! Mon irresponsable de fille m'a fait louper ma *deadline*». Hein ? Mais attention, parce que je te jure que je serai la première personne à mettre un commentaire en ligne (je me redresse en bombant la poitrine). Je vais raconter à tout le monde – à tous tes précieux lecteurs, tes *followers* sur Twitter et tes amis Facebook – que la vieille dame d'à côté n'avait nulle part où aller et que tu as refusé de lui prêter ton canapé pour une nuit. À ton avis, tu passeras pour qui auprès des gens de Boots ?

— Tu n'oserais pas, siffle maman. Si tu fais quoi que ce soit pour nuire à ma réputation en ligne, je... je...

— C'est seulement pour une nuit, maman. Laisse-la dormir chez nous rien qu'une nuit.

Elle me foudroie du regard mais je ne cèderai pas – pas maintenant.

— Fin de la conversation, dit-elle.

Elle rejoint Mme Simpson – la vieille dame semble somnoler sur sa canne.

— Madame Simpson (elle articule exagérément, comme si elle parlait à un enfant) ? Je suis Claire, la mère de Scarlett. Si vous avez besoin d'un endroit où dormir ce soir, vous pouvez venir chez nous. Nous sommes juste à côté...

J'arrive à m'endormir, je me demande comment. À mon réveil, le lendemain matin, j'ai la sensation de peser une tonne. Les souvenirs de la nuit dernière me reviennent brusquement – l'incendie que j'ai provoqué, la dispute avec M. Kruffs puis avec maman. Je revois surtout l'expression de confiance aveugle et d'impuissance sur le visage de Mme Simpson. Je sors du lit et je me précipite à la fenêtre. Le camion des pompiers est parti sans laisser de trace. On pourrait croire qu'ils ne sont jamais venus. Tout est calme dans la rue. Je m'habille et je descends prendre des nouvelles de notre invitée.

La couverture est repliée sur le canapé. La pièce est vide. Je commence à paniquer. Je lui avais proposé mon lit mais elle a préféré dormir en bas. Si elle était partie en vadrouille pendant la nuit? Peut-être qu'elle est somnambule? Et qu'une voiture l'avait renversée? Non, si ça se trouve, M. Kruffs est entré, il l'a bâillonnée et emmenée de force à l'hospice. Alors je ne saurai jamais ce qui lui est arrivé et tout sera de ma faute...

Soudain, je m'immobilise. Je me retourne comme un zombie et je quitte le salon, ensorcelée. Des odeurs s'échappent de notre cuisine – et je sais déjà qu'un repas délicieux m'attend.

Je manque de percuter maman en bas de l'escalier. Elle a l'air mal réveillé et de mauvaise humeur avec ses cheveux en bataille et ses yeux pas maquillés.

— Pardon maman pour tout ce que j'ai dit hier soir.

Elle se frotte les paupières.

— Non Scarlett, c'est moi qui avais tort. Tu essayais juste d'être gentille et serviable – comme je t'ai élevée.

Je souris faiblement. Il ne faut surtout pas la contredire. Elle renifle les effluves en provenance de la cuisine.

— Qu'est-ce que c'est ? Quelqu'un a préparé à manger ?

— Mme Simpson. Je crois que c'est sa façon à elle de nous remercier.

Elle hausse un sourcil.

— Oh ?

Je l'accompagne dans la cuisine. Elle s'arrête sur le seuil, bouche bée. Je comprends pourquoi en suivant son regard.

La cuisine est immaculée – la vaisselle est faite ; les piles de magazines et de papiers sont rangées d'un côté ; la table est propre et dressée pour quatre personnes. Deux grandes poêles en fonte chauffent sur le feu. Je vois quatre œufs grésiller dans la première mais la seconde est cachée par le dos de Mme Simpson.

Elle se tient droite et campée fermement sur ses jambes. Sa canne est invisible. Une seconde plus tard, elle attrape la deuxième poêle par le manche et, d'un geste vif, elle fait sauter son contenu en l'air. Elle le rattrape habilement et se sert d'une spatule pour le déposer dans une assiette.

— Asseyez-vous, dit-elle sans se retourner. Ce sera prêt dans cinq minutes.

On se dévisage avec des yeux ronds, maman et moi. Ça ne me viendrait même pas à l'idée de désobéir. Maman s'installe à un bout de la table et, tandis que je prends ma place habituelle, j'entends derrière moi le pas traînant de ma sœur dans ses chaussons lapins.

— Youpi, le petit-déjeuner ! s'exclame Kelsie. Ça sent trop bon.

— Oui, on va se régaler. Assieds-toi.

Mme Simpson apporte une tasse de café fumante à maman.

— Merci, répond celle-ci d'une voix enrouée.

Le lait et le sucre sont déjà alignés sur la table devant elle. La vieille dame retourne aux fourneaux et verse une louche de pâte à crêpe dans la poêle chaude.

— Je ne suis pas très amatrice de la cuisine américaine d'aujourd'hui, dit-elle. Pas de graisse, pas de sucre, pas de ceci, pas de cela... Mais les bonnes recettes maison à l'ancienne, ça, ils savent faire. Rien ne vaut des pancakes au sirop d'érable pur, si vous voulez mon avis.

— J'adore les pancakes ! s'écrie ma sœur. Ça me rappelle Disney World.

Je lui souris. Juste avant le départ de papa, on était allés en Floride tous les quatre. On avait dormi dans un petit motel à côté de la Maison internationale des pancakes. Tout y était succulent.

— Où êtes-vous allée chercher tous ces ingrédients ? demande maman un peu nerveuse. J'ai peur d'avoir oublié de commander les courses cette semaine.

— Je suis allée les prendre chez moi tôt ce matin. Ce feu, ce n'était rien du tout. La fumée a fait quelques dégâts, mais il y a eu plus de peur que de mal. Le réfrigérateur était intact. J'ai récupéré tout ce que je pouvais.

— Vous avez eu raison. Heureusement, tout est bien qui finit bien.

Je me mords la lèvre.

— Euh... j'ai quelque chose à vous dire...

Mme Simpson me fait taire en portant son index à sa bouche. Elle commence à distribuer les assiettes. Désarçonnée, je marmonne :

— Je... euh... je peux vous aider ?

Elle décline mon offre. C'est son moment à elle.

En plus des pancakes, du sirop d'érable pur et des œufs à point, il y a du bacon, de la salade de fruits, du pain grillé et un pot de confiture de fraises avec une étiquette écrite à la main. J'ai l'impression d'être au paradis des petits-déjeuners.

Une fois tout le monde servi, Mme Simpson pose son assiette mais reste debout derrière sa chaise.

— Mangez tant que c'est chaud, encourage-t-elle.

Elle nous observe avec attention pendant que nous goûtons. Un silence religieux envahit la cuisine. Ce repas est divin. Il n'y a même pas de mots pour le décrire. Mme Simpson finit par s'asseoir avec un sourire satisfait aux lèvres. Je souris aussi. Je crois que c'est le meilleur petit-déjeuner que j'aie jamais mangé.

Maman s'esquive gracieusement après s'être resservie (sans offrir ses services pour la vaisselle) et Kelsie part regarder la télé. Je me retrouve seule avec Mme Simpson.

— C'était super. Merci beaucoup.

Elle pousse un soupir d'aise et commence à débarrasser. Je me lève d'un bond.

— Attendez, je m'en charge.

Je lui prends l'assiette des mains, puis je fais couler de l'eau dans l'évier.

— Non, mon enfant. Rassieds-toi. J'ai la migraine. Et quand j'ai la migraine, j'ai besoin de m'occuper l'esprit.

Je me verse un troisième verre de jus d'oranges pressées et je reprends ma place.

— Violet et moi – ainsi que Gretchen et Alison –, on aimerait pouvoir vous aider. Mais on ne sait pas trop comment s'y prendre. Votre neveu n'a pas le droit de vous envoyer de force dans une maison de retraite. Il n'a pas le droit !

Les épaules de la vieille dame s'affaissent. Elle se ratatine comme une fleur fanée.

— Vous n'êtes même pas responsable de l'incendie ! On a oublié de fermer le gaz, et c'est moi qui ai étendu le torchon sur la porte de la cuisinière pour qu'il sèche. Tout est de ma faute. Je vais raconter la vérité à votre neveu et à ma mère.

Je me sens dans la peau d'un condamné marchant à l'échafaud. Je n'en mène pas large mais je sais que ma décision est la bonne. Mme Simpson se raidit et se tourne vers moi.

— Ne leur en parle pas, Scarlett. Ça ne changera rien. Si Emory apprend que tu étais dans la maison, cela pourrait au contraire aggraver la situation.

— Mais pourquoi ? Vous ne pensez pas que c'est pire de le laisser croire que vous n'êtes plus autonome ?

Elle commence à savonner les plats avec l'éponge, puis s'arrête pour glisser une mèche de cheveux gris dans son chignon.

— Tout le monde vieillit. On n'y coupe pas. Il faudra bien que je parte un jour et que je l'accepte. J'aimerais seulement rester dans ma maison aussi longtemps que possible.

Une larme roule sur sa joue – à moins que ce ne soit une goutte d'eau de vaisselle ? Je la rejoins.

— Et si j'essuyais, d'accord ?

Elle hoche la tête. J'attrape un torchon et nous continuons la vaisselle en silence. Mon cerveau turbine à cent à l'heure. Il y a certainement une solution à mettre en œuvre avec le Club des Petits Chefs Anonymes. Mais laquelle ?

Quand on a terminé, Mme Simpson se sèche les mains et ôte son tablier. Ses chevilles enflées plissent dans ses bas couleur chair un ton trop foncé.

— Je voudrais pouvoir garder mon chat avec moi si je dois aller dans un de ces endroits.

— De toute façon il faut qu'on récupère Ganache (je croise les bras d'un air têtu). Et vous n'irez nulle part si vous n'en avez pas envie.

Elle m'offre un sourire fragile.

— Merci, ma fille. Et maintenant, j'aimerais rentrer chez moi.

— Vous êtes sûre?

J'espérais qu'elle resterait ici avec nous.

— Oui. Je dois affronter cette situation seule. Fais-moi confiance, c'est mieux ainsi.

Elle se masse les tempes. Je crois qu'elle souffre un peu.

— Mais... et le feu? Vous n'êtes pas en colère contre nous?

Elle rit tout bas.

— Je vais te confier un secret, Scarlett. Tout le monde commet des erreurs. Cette fois, il n'y a pas eu de conséquences. Vous avez appris quelque chose, et ça ne se reproduira plus. J'en suis certaine.

Je me sens délivrée d'un poids.

— Oh. Quand même, sachez que je suis vraiment désolée.

— Je sais, dit-elle en souriant.

— Vous avez besoin que je vous accompagne?

— Oh non.

Elle attrape fermement sa canne et boitille en direction de la porte. Sa canne martèle le trottoir dans un bruit sourd. Je la suis des yeux pour être sûre qu'elle rentre sans encombre. Quand elle arrive devant sa porte, elle marque un temps d'arrêt.

— Au fait, Scarlett.

— Ouais? Enfin... oui?

— Je vous attends à 5 heures aujourd'hui, tes amies et toi. Ne soyez pas en retard.

Je la fixe avec incrédulité.

— Euh... d'accord. Promis.

Je débranche le chargeur du téléphone de maman et j'appelle aussitôt Violet.

— On a un problème.

Je lui raconte l'incendie, puis je lui explique que Mme Simpson a dormi chez nous et qu'elle nous a préparé un petit-déjeuner formidable. Je conclus en insistant sur l'horaire du rendez-vous de ce soir.

— Oh Scarlett, c'est affreux ! Je n'en reviens pas qu'on ait... C'est horrible !

— Je voulais le dire à M. Kruffs mais elle a refusé. Elle pense que ça ne fera qu'aggraver les choses. Je ne sais pas s'il faut la croire. On doit trouver une solution.

— Et malgré tout, elle veut qu'on revienne ? Tu n'as pas dit que toute la cuisine avait brûlé ?

— Non. Heureusement, ce n'était pas trop méchant – quelques dégâts à cause de la fumée, c'est tout. Apparemment ç'aurait pu être bien pire. Sauf que maintenant, M. Kruffs essaie de la placer dans une maison.

— Une maison ? Mais elle a une maison.

— Non, je veux dire une maison de retraite. Tu sais, un de ces endroits atroces dont on entend parler aux infos. Je parie qu'il n'y a rien d'autre à faire que de regarder la télé et de jouer au bridge, là-bas. En plus, je suis sûre qu'ils ne servent que de la purée pour éviter les soucis de dentiers. Tous les résidents attendent la mort, en gros.

— Brrr... Il faut l'empêcher de l'emmener. Mais comment ?

En secret, je suis un peu déçue. J'espérais très fort que Violet aurait une idée. Parce que j'ai beau me creuser la cervelle, rien ne me vient. Je refuse de baisser les bras et je me raccroche à un ultime espoir.

— Tu peux appeler Gretchen et Alison ? Réunion d'urgence ce soir juste après les cours. On va se remuer les méninges.

27
Une séance de brainstorming

Le Club des Petits Chefs Anonymes se réunit dans le salon de la tante de Violet. À peine la discussion entamée, tout le monde se met à parler en même temps. Gretchen tient à comprendre ce qui s'est passé.

— Qui a utilisé la cuisinière en dernier ? demande-t-elle.

— Je ne sais pas, dit Violet. Peut-être moi, ou Alison, je ne me rappelle pas...

— Je suis sûre d'avoir vérifié, se défend Alison. Ce n'était pas moi.

Je lève les mains.

— Écoutez. Ce n'est pas le problème. On forme un club, donc en un sens, on est toutes responsables. Et puis... c'est moi qui suis allée dans la cuisine en dernier...

— Tu as raison, on s'en fiche, dit Gretchen. Ce qui est fait est fait. Alors autant qu'on avance – toutes ensemble.

Nous acquiesçons tristement d'un hochement de tête. Je fais passer un bol de chips au fromage insipides.

— On peut se donner rendez-vous ici de temps en temps, suggère Violet. Tant qu'on nettoie comme il faut derrière. Tante Hilda ne cuisine jamais. D'ailleurs, elle déteste les odeurs de cuisine.

— À quoi ça sert d'avoir une cuisine si on ne peut pas cuisiner dedans ? rouspète Gretchen.

— On pourrait se réunir chez moi, enchaîne Alison. Maman ne rentre pas du travail avant 7 h. Elle ne fait pas la cuisine non plus mais il y a un tas d'ustensiles qu'on pourrait utiliser.

Je secoue la tête.

— Là encore, ce n'est pas la question. Même si on trouvait un autre endroit, ce ne serait plus pareil.

— Je suis d'accord, reconnaît Violet. En plus, on a attiré des ennuis à Mme Simpson. Son neveu menace de l'envoyer à l'hospice parce qu'il croit qu'elle est en danger si elle reste toute seule. On ne peut pas la laisser se faire enfermer et manger de la bouillie jusqu'à la fin de ses jours.

— De la bouillie ? répète Alison horrifiée. Elle détesterait ça.

Je me racle la gorge. On s'égare.

— Vous oubliez un détail : c'est elle qui nous apprend à cuisiner. Je n'avais jamais eu de mentor avant.

— Moi non plus, dit Gretchen. J'imagine que ça l'amuse aussi puisqu'elle nous demande de revenir. Alors, qu'est-ce qu'on fait ?

— Ben j'espérais que tu aurais des idées. Comme tu es déléguée de classe et tout...

Elle me jette un regard exaspéré.

— Tu es déjà allée à une réunion de délégués ?

— Non.

— OK. Laisse tomber.

— Moi, j'ai une idée.

Alison chasse de son front une mèche de cheveux blonds. Toutes les têtes se tournent vers elle simultanément. J'étouffe une pensée méchante – c'est sans doute la première fois qu'elle prononce ces mots. Gretchen a dû se dire la même chose que moi car Alison la fusille des yeux.

— Si, c'est vrai, figure-toi. Pourquoi ne pas lancer une journée marathon de la pâtisserie ?

Je me cale dans ma chaise.

— Continue...

— Eh bien... On pourrait chercher des sponsors et des annonceurs. Les gens feraient des dons en ligne *via* un compte PayPal. D'après Nick, on peut lever des fonds sur Internet. D'ailleurs… il suffit de voir ta mère.

Elle me jette un coup d'œil en biais, l'air de se demander si je mérite d'avoir une célébrité dans ma famille. Quant à moi, il suffit que j'entende « Nick » pour que le rouge me monte aux joues.

— Ne me posez pas de questions sur ce que fabrique ma mère avec son ordinateur. Je sais seulement que ça me pourrit la vie. En plus, même si on levait des fonds, on en ferait quoi ?

— Mme Simpson pourrait engager une infirmière ou une aide à domicile, propose Gretchen. C'est ce qu'on a fait quand ma grand-mère a passé un certain âge. La dame venait une fois par jour au début. À la fin, il y avait quelqu'un tout le temps.

— Ça mérite réflexion.

— Et M. Kruffs ? dit Violet en baissant la voix. Selon Tante Hilda, il est déterminé à vendre la maison. Il détient sûrement une part de la propriété. Ça expliquerait pourquoi il tient tant à se débarrasser d'elle.

— Cet homme est vraiment mesquin, affirme Gretchen.

Mais M. Kruffs ne me fait pas peur.

— Vous savez, à propos de M. Kruffs, s'il nous crée des ennuis…

— Quoi ? s'impatiente Violet.

— Eh bien (je réfléchis à voix haute)... Vous n'imaginez pas à quel point ma mère stresse d'abîmer son « image en ligne » et de perdre des amis Facebook ou des *followers* sur Twitter. Elle en parle sans arrêt.

— Elle en a des milliers, non ? demande Gretchen admirative.

— Oui, mais pour elle, ce n'est jamais assez. Comme M. Kruffs est candidat à l'élection législative, il est sans doute préoccupé par son image publique lui aussi.

— Le « vote gris » ! C'est comme ça qu'on appelle les électeurs du troisième âge.

— Voilà. Ça ferait mauvais effet si les gens apprenaient qu'il veut envoyer sa tante dans une maison de retraite, hein ?

— Ça, oui (le visage de Violet s'anime) ! En tout cas, moi, je ne voterais pas pour lui, c'est certain.

— Alors s'il nous met des bâtons dans les roues, on le démasque.

— D'accord, approuve Gretchen. On tient quelque chose. On ferait mieux de filer chez elle maintenant.

— Ouais, répond Alison en se levant d'un bond. Je suis affamée et j'ai envie de cuisiner un truc. J'en ai marre de rester assise ici.

Elle regarde le bol de chips avec mépris.

— Moi aussi, dis-je en l'imitant.

Violet jette le reste des chips à la poubelle.

— Allons-y.

Nous sonnons chez Mme Simpson. De l'extérieur, rien ne permet de deviner qu'il y a eu un incendie. La maison semble inoccupée. Je me demande si M. Kruffs est passé comme promis. Après avoir appuyé sur la sonnette pendant de longues secondes et n'obtenant de réponse, je toque fort à la porte. Je sens monter une bouffée d'anxiété.

— La clé est toujours là? s'enquiert Violet. On devrait rentrer vérifier qu'elle va bien.

Je me penche pour regarder sous le paillasson. La clé est là, comme d'habitude. J'ouvre, et nous pénétrons à l'intérieur toutes les quatre. La maison est plongée dans le silence comme si elle retenait son souffle. Une odeur de brûlé nous prend à la gorge. Sur la pointe des pieds, nerveuse, j'avance vers le rai de lumière sous la porte de la cuisine.

Alors que je m'apprête à tourner la poignée, une voix s'élève de l'autre côté.

— Vous avez deux minutes de retard.

Mme Simpson.

Nous la rejoignons, soulagées de la trouver là. Une partie du mur est complètement noircie derrière la cuisinière, la fenêtre est obstruée avec du carton, et il y a des serviettes par terre pour éponger les flaques d'eau laissées par le passage des pompiers. La bouilloire en cuivre de Mme Simpson est sur le feu et crache de la vapeur. Au moins, le gaz fonctionne toujours. J'aspire une goulée d'air entre mes mâchoires crispées, assaillie par un regain de culpabilité.

Ma voisine lève les yeux. Elle est assise à table, des livres de cuisine ouverts devant elle. Je remarque qu'elle a sorti une feuille de papier et un stylo. Je prends la parole au nom du groupe :

— Pardon pour le retard. Il faut que vous sachiez, on voudrait toutes vous dire…

Elle tend la main pour me couper.

— Que vous regrettez et que ça ne se reproduira pas. Je le sais déjà, alors mettons-nous tout de suite au travail.

Elle relève le menton avec orgueil, et nous répondons en chœur :

— Oui madame Simpson.

— J'ai établi un menu, poursuit-elle en montrant le papier. Il est en quatre parties et vous êtes quatre. Ça vous paraît équitable ?

OH MON DIEU !

Pendant les heures qui suivent, j'oublie tout – le feu, mes problèmes, les ennuis de Mme Simpson et le reste – tant je suis occupée à cuisiner un délicieux dessert qui satisfera les plus exigeants.

28
Une idée

Je rêvasse en cours le lendemain. Je repense à la soirée chez Mme Simpson. Pour la première fois de ma vie, j'ai mangé comme dans un restaurant étoilé. En entrée, on avait préparé une spécialité française. De la soupe à l'oignon avec des herbes du jardin, suivie de cakes au crabe épicés accompagnés d'une mayonnaise à l'aneth. Suivis d'entrecôtes marinées avec leurs légumes tendres. En dessert, j'ai servi ma création : un soufflé au chocolat, à la fraise et à la menthe.

Mme Simpson n'a pas touché un ingrédient mais elle a supervisé chaque étape, observant de près nos gestes tandis qu'on mesurait, mélangeait, etc. On aurait dit qu'elle était partout à la fois. Elle a dressé la table avec un service en porcelaine fine décoré d'un liseré doré, des sets de table et des serviettes en lin d'un blanc de neige. Elle a ajouté des bougies dorées et argentées pour le décor. Nous n'avons évoqué ni le feu, ni ses soucis, ni les nôtres.

Pendant que nous cuisinions, j'ai tenté de l'interroger une fois au sujet du cahier de recettes en espérant en apprendre un peu plus sur la dédicace – « Pour mon petit chef – puisses-tu trouver l'ingrédient secret. »

— Il est très mignon, ce cahier. Cela a dû vous prendre une éternité de le rédiger.

Elle n'a pas répondu tout de suite. Il m'a semblé que sa respiration devenait plus difficile, et j'ai compris que je l'avais troublée. Il lui a fallu quelques secondes pour se ressaisir.

— Ça remonte à des années, a-t-elle fini par dire.

Puis elle a porté sa tasse à ses lèvres d'une main tremblante.

Je n'ai pas insisté, et Violet a détourné l'attention très à propos en posant une question sur le temps de cuisson des légumes.

Une fois le dîner servi, Mme Simpson nous a fait parler chacune notre tour. Elle nous a interrogées sur nos meilleurs souvenirs, les moments les plus heureux qu'on pouvait se rappeler, ce qu'on voulait faire quand on serait grandes – des sujets bateaux, peut-être, mais la conversation était agréable.

Gretchen a décrit une famille très soudée. Je savais déjà que son père était un grand avocat, mais j'ignorais que sa mère dirigeait le département des ressources humaines d'une banque. Et que son grand frère travaillait pour une association chargée d'améliorer l'accès à l'eau potable en Afrique. Pas étonnant que Gretchen s'efforce d'être Mlle Parfaite. Il faut bien reconnaître qu'elle y arrive – en général.

— Je veux étudier le droit, comme mon père, annonce-t-elle fièrement. Pour pouvoir aider les gens qui ont des problèmes. Mais il faudra que je sache cuisiner quand je serai à l'université. Et puis, vous savez, pour après.

Contrairement à son habitude, Alison s'est montrée timide quand Mme Simpson s'est intéressée à ses projets d'avenir. Avant de répondre, elle a regardé Gretchen comme si elle lui demandait la permission.

— Je voulais m'inscrire dans une école de danse, mais j'ai dû me faire opérer du genou. Alors j'ai fait une croix sur ma carrière de danseuse.

Je l'ai découverte sous un nouveau jour. Elle m'a surprise et touchée à la fois. Elle s'est révélée plus sympathique que ce à quoi je m'attendais.

— Enfin, ce n'est pas grave, a-t-elle continué. Peut-être que j'ouvrirai mon propre studio de danse.

J'aime bien travailler avec les enfants. Et qui sait, a-t-elle ajouté en me souriant, je pourrais enseigner la cuisine aux futures danseuses afin qu'elles apprennent à manger sainement ? Ça me plaît beaucoup – je n'aurais jamais cru que je m'amuserais autant.

Mme Simpson a hoché la tête, l'air songeur.

— Le meilleur moyen de manger sainement est d'utiliser des produits frais – légumes, fruits, fruits à coques, poisson... Tout ! J'ai quelques recettes de plats équilibrés. Je pourrais te les montrer.

— Volontiers ! s'exclame Alison. Ce serait chouette.

Violet a surpris tout le monde – sauf moi – en déclarant qu'elle voulait devenir médecin.

— Je veux sauver des vies.

Ses yeux se sont brièvement posés sur moi, mais elle n'a pas dévoilé son secret aux autres.

— Sinon j'adore la pâtisserie. Au début, j'avais peur de changer de collège, a-t-elle admis. Mais maintenant que nous avons le Club des Petits Chefs Anonymes, je ne le regrette pas.

J'ai renchéri :

— Oui. Le Club nous a vraiment apporté quelque chose, à toutes les quatre.

— Et toi, Scarlett ? a demandé Mme Simpson.

J'avais préparé plein de réponses dans ma tête en prévision de cette question : gagner un concours de pâtisserie à la télé, écrire mon propre livre de recettes ou aider à mettre fin à la famine en Afrique. Mais j'ai décidé d'être la plus honnête possible :

— Je ne sais pas trop. J'essaie seulement de profiter de ce que j'ai aujourd'hui – de vous par exemple.

— Portons un toast au Club des Petits Chefs Anonymes, a lancé Violet en levant son verre.

— Et à Mme Simpson ! ai-je ajouté.

— Vive la cuisine entre amis ! s'est écriée Gretchen.

— Et la chantilly ! s'est esclaffée Alison.

Mme Simpson s'est penchée en avant.

— À l'amitié.

— Santé !

Les verres en cristal ont tinté joyeusement dans la cuisine. Et bien que nous ayons mis une heure à laver et ranger la jolie vaisselle, c'était vraiment une bonne soirée.

— Eh Scarlett, attends-moi !

Je fais volte-face, stupéfaite. La personne qui essaie d'attirer mon attention n'est autre que Nick Farr. J'ai soudain l'impression que mon petit-déjeuner est resté coincé dans ma gorge. Alison et Gretchen sont copines avec Nick, après tout. Pourquoi parler à un garçon me rend aussi nerveuse ?

— Oh, salut.

Je me sens rougir.

— Alison m'a dit que tu avais besoin d'aide pour créer un profil en ligne ou un truc comme ça ?

— Euh, ah bon ?

— Ben... d'après elle, oui.

Il fronce les sourcils – qu'il est beau ! Il est digne de chanter dans un *boys band*.

« Reprends-toi Scarlett ! »

— Ah oui ! C'est vrai.

Il hausse un sourcil.

— J'ai mon ordinateur portable dans mon sac. Je peux te retrouver à la bibli après les cours. Mais je n'aurai pas beaucoup de temps. J'assiste l'entraîneur de l'équipe de rugby junior ce soir.

— Oh.

— Euh... d'accord... bon (il me regarde avec une expression perplexe, comme s'il regrettait de m'avoir adressé la parole)... On se voit tout à l'heure ?

— Oui. Merci.

Je fonce aux toilettes des filles. J'ai les jambes en coton et le cerveau complètement retourné. « Nick Farr m'a parlé. Nick Farr m'a donné rendez-vous après les cours. OH MON DIEU ! Je vais mourir / tomber malade / me jeter à genoux devant Alison pour la remercier... non ! je vais plutôt tuer Alison / partir en courant / rentrer chez moi me changer et me laver les cheveux. Ou alors prendre une douche froide... Voilà, je sais : je vais me glisser sous ma couette et je ne mettrai plus jamais les pieds au collège. »

— Alors, tu as parlé avec Nick ?

Violet vient de sortir du dernier box, un sourire espiègle sur les lèvres.

— Tu es dans le coup toi aussi ! J'ai failli mourir.

— Allez Scarlett ! s'esclaffe-t-elle. Saisis ta chance !

— Ma chance de quoi ?

Elle lève les yeux au ciel.

— Je croyais qu'on était d'accord. Avec un site, on arrivera peut-être à gagner de l'argent pour aider Mme Simpson.

— Mais je ne vois toujours pas comment on doit s'y prendre.

— Justement ! C'est là que Nick intervient. On a toutes pensé que c'était un rôle pour toi. Tu seras parfaite – avec ta mère, tu as de qui tenir...

— Ma mère !

Elle me fait un clin d'œil et se dirige vers le couloir.

— Tu me raconteras ?

La porte se referme en silence derrière elle.

« Saisir ma chance. » Assise en classe, je me répète ces mots en boucle pour m'encourager. D'un côté, je me sens trahie par mes amies qui se sont liguées contre moi, et de l'autre, je suis toute étourdie et bêtement excitée. Au fil des heures, le trac et la gêne prennent le dessus. Mais je dois penser à Mme Simpson. Elle a besoin de moi.

Je me mets un peu de *gloss* et je me brosse les cheveux avant de me rendre à la bibliothèque du collège. Je ne serais pas étonnée de voir les autres membres du Club assises à une table voisine, en train de chuchoter et de glousser. Mais non : à part deux élèves un peu plus vieux qui révisent leurs examens, la salle est vide.

J'attrape un livre au hasard sur une étagère pour me donner une contenance. J'en ai déjà feuilleté la moitié quand je m'aperçois qu'il parle de l'histoire du chemin de fer en Grande- Bretagne. Je le referme d'un coup sec puis le repose à sa place. Il me vient une idée. Je me dirige vers le bureau et je demande à la bibliothécaire s'il y a un rayon cuisine. Elle hausse un sourcil, étonnée par ma requête, et me montre du doigt une étagère située tout au fond.

Je repère d'abord deux livres pour les petits – l'un intitulé *Les Pique-niques des oursons*, et l'autre consacré à la cuisine dans le monde. À côté se trouvent quelques classiques de Jamie Oliver et Delia Smith. Au bout de l'étagère, un vieux volume défraîchi attire mon regard – est-ce la reliure en cuir bleu ou le fait qu'il soit posé à l'envers ? Je le reconnais. Il s'agit d'un exemplaire de *La Cuisine de mère en fille* que Mme Simpson possède chez elle. Je parcours les recettes et constate que, grâce aux conseils donnés dans le cahier composé à la main par Mme Simpson, je saurais toutes les suivre. Mieux, je n'aurais même plus peur d'essayer ! D'ailleurs, j'ai envie d'en tester un maximum et de partager les recettes de Mme Simpson avec le monde entier.

Et c'est exactement ce que je vais faire.

29
Le passage à l'action

Je vais lancer mon propre site. Je l'appellerai Le Club des Petits Chefs Anonymes. J'y mettrai plein de recettes, de photos, et j'inspirerai d'autres gens de mon âge, qui à leur tour prépareront en secret des gâteaux pour leur collège. Il y aura plusieurs onglets : Cakes et gâteaux savoureux, Repas faits maison et Recettes à partager. Puis je parlerai de cette vieille dame géniale qui nous dispense son enseignement et de son cahier très spécial. Je posterai des images du cahier, avec les dessins et les comptines recopiées à la main.

Quand le site sera créé, j'enverrai le lien à M. Kruffs. Il verra que nous sommes présents sur Internet et que s'il essaie de mettre Mme Simpson dans une maison de retraite, il s'exposera à une très mauvaise publicité.

— Salut Scarlett.

Mon rêve se dissout comme un sucre dans l'eau.

— Oh... euh... salut Nick.

Il laisse tomber son sac à côté de la table.

— Pardon pour le retard. Je dois partir dans une demi-heure alors autant s'y mettre de suite.

— OK.

Je m'assieds à côté de lui en essayant de penser à respirer. Je cache mes yeux derrière un rideau de cheveux de façon à pouvoir épier ses moindres gestes en toute discrétion. J'admire ses mains fines et ses longs doigts déliés tandis qu'il sort l'ordinateur de son sac.

— Alors, qu'est-ce que tu as en tête ? me demande-t-il. Un blog ? Autre chose ?

Je réfléchis à voix haute.

— Oui – un blog, plus un site sur lequel je pourrais poster des photos et où les gens pourraient laisser des commentaires. Avec une page pour publier des posts d'invités aussi.

— Un peu sur le modèle du blog de ta mère, en fait ?

Je frémis. Je marche dans les pas de maman. C'est incroyable.

— Oui, mais il ne ressemblera pas vraiment au sien.

— Non, j'imagine.

Je me creuse la cervelle pour trouver un truc intéressant à dire pendant que l'ordinateur s'allume.

— Ma mère ne me laisse pas utiliser Internet à la maison. Donc je n'y connais rien. Mais je me disais que ce serait bien d'apprendre.

Il interrompt mon bavardage en se tournant vers moi.

— Tu veux te venger d'elle?

— Quoi?

— Pour être franc, j'étais un peu surpris quand Ali m'a dit que tu voulais lancer un nouveau site. J'ai toujours eu l'impression que tu supportais mal que ta mère écrive sur toi.

— C'est vrai?

Ma gêne commence à s'évaporer.

— Je me rappelle qu'il y a quelques années, tu n'arrêtais pas de prendre la parole en classe. Tu connaissais toujours les réponses et tu débordais d'idées – la fille super intelligente, quoi.

Mon visage s'éclaire d'un sourire tremblant.

— Ah bon?

— Et puis tu as changé. Après, on est tombés sur le blog. Là, j'ai compris.

Je pousse un gros soupir.

— Eh bien... disons que... oui, tu as raison.

Il tape son mot de passe.

— Je suis sûr que ta mère est cool, mais je sais que moi, je détesterais que quelqu'un raconte des trucs comme ça à mon sujet sur Internet.

— Elle n'est pas cool. Je déteste son blog. La plupart des gens ne comprennent pas.

Son sourire me réchauffe et me chatouille le cœur.

— On est peut-être plus nombreux que tu ne crois.

Je médite sur ce qu'il vient de dire pendant qu'il ouvre une page.

— Voilà. Il y a des sites plutôt bien conçus pour t'aider à créer ton blog. À mon avis, le meilleur, c'est celui-là (il tape une requête dans le moteur de recherche) : Bloggerific. Tu verras, c'est assez facile de poster des photos, du texte et des vidéos. Tu peux aussi te servir des *hashtag* – ça te permettra de suivre d'autres personnes, et eux-mêmes pourront te retrouver en deux clics.

— Euh... d'accord.

— Attends, je te montre.

Pendant vingt minutes, j'essaie de suivre les explications de Nick. Mais c'est difficile de se concentrer quand on est assise à côté d'un garçon aussi charmant. En plus, il me trouve intelligente et il me comprend, lui. Je lui pose des questions mais je n'arrive pas à articuler LA question. Alison et lui passent beaucoup de temps ensemble au collège, et elle parle souvent de lui – est-ce qu'il y a quelque chose entre eux? Ou reste-t-il une lueur d'espoir pour quelqu'un comme moi?

— Scarlett?

Je m'aperçois qu'il attend une réponse.

— Oh pardon. Je suis un peu perdue – il y a tellement d'infos à retenir.

— Oui, désolé de devoir aller aussi vite. Tu me tiendras au courant? Dis-moi comment tu t'en sors et n'hésite pas à faire appel à moi si tu as besoin d'un autre coup de main.

Il referme son ordinateur. La tension qui m'électrisait reflue brusquement. Je cherche en vain des mots qui puissent exprimer mes sentiments embrouillés.

— Merci beaucoup Nick. Je sais que tu es très occupé et j'apprécie vraiment ton aide.

Il hésite un bref instant.

— Eh bien, puisque tu veux me remercier, je voulais justement te demander quelque chose.

— Ah, quoi?

— Tu accepterais un nouveau membre?

30
Mon premier post

Je m'étais préparée à ce que mes pieds ne touchent plus terre. Au bout du compte, je suis remarquablement calme lorsque je quitte la bibliothèque. Comme si cette histoire avec Nick Farr m'avait fait mûrir en l'espace d'une seule journée. Je serre le bout de papier avec son numéro de téléphone entre mes doigts. J'ai accepté de le contacter avant la prochaine réunion du Club des Petits Chefs Anonymes pour l'inviter à se joindre à nous !

— Pour info, Alison ne m'a rien dit – ce n'est pas à cause d'elle si je sais que les gâteaux viennent de vous, a-t-il assuré devant mon expression étonnée. Je l'ai deviné le jour où je t'ai croisée dans le couloir avant le déjeuner. J'ai pensé que ça pourrait être drôle d'apprendre deux ou trois trucs. Plein de garçons s'y mettent de nos jours. Mes parents n'ont jamais le temps de cuisiner – ce serait sympa si je pouvais les surprendre en cuisinant quelque chose de bon une fois de temps en temps.

— Oui. Je suis persuadée que c'est une activité qui peut convenir à tout le monde. On mange tous, non ?

Il a éclaté de rire.

— En plus, c'est bientôt l'anniversaire de ma mère. Un chiffre important. Mon père a organisé une grande fête, et je suis censé commander un gâteau. Ce serait cool qu'au lieu de l'acheter, je le prépare moi-même.

— Excellente idée. On serait très contentes de participer.

— Mon emploi du temps est un peu bousculé en ce moment avec le rugby mais je devrais pouvoir me dégager une soirée la semaine prochaine. Lundi ?

Il a noté son numéro avant de filer à son entraînement pendant que je me dépêchais de rejoindre les autres membres du club chez Mme Simpson.

Tout est calme, sombre et vide quand j'arrive là-bas. Je remarque que des travaux ont été effectués dans la cuisine : le mur est repeint, la fenêtre réparée. La pièce est comme neuve. M. Kruffs n'a pas perdu de temps. Forcément, il a envoyé des ouvriers le plus vite possible. Où est passée Rosemary ? Je suis pourtant certaine qu'on avait rendez-vous ce soir. J'espérais qu'elle serait là pour lui parler du site – et de notre nouveau membre.

Je n'ai pas envie de rentrer chez moi alors je tourne en rond. J'aperçois quelques mots griffonnés sur le bloc magnétique aimanté à la porte du frigo : « Suis partie rendre visite à une amie – RS. »

Au moins, cela explique où elle est. Elle a dû se décider à la dernière minute. Soulagée, je m'assieds à table. Je sors un carnet et un stylo de mon cartable, puis je me mets à écrire au fil de la plume :

« S'il vous plaît, ne dites surtout pas à ma mère que vous êtes en train de lire ces quelques lignes. Enfin... j'imagine que vous n'en ferez rien puisque vous ignorez qui je suis – donc vous ne savez pas qui elle est non plus. Et moi, je ne sais pas qui vous êtes. Pour l'instant, je propose que nous nous en tenions là. Ce sera notre secret. Vous voyez, j'ai un petit problème avec ma mère. C'est une blogueuse professionnelle et elle a fait de ma vie un enfer en postant des tas de trucs gênants sur moi. Au point que j'ai dû arrêter toutes mes activités au collège. Du coup, je ne m'intéressais plus à rien. »

Je fais une pause et relis le début, barrant quelques mots ici, changeant quelques expressions ça et là.

«Mais il y a quelque temps, j'ai commencé une nouvelle activité dans le dos de maman. Ne vous inquiétez pas, rien de répréhensible. Il se trouve que ma voisine a été emmenée en ambulance après un accident. Quand je suis allée chez elle nourrir son chat, j'ai découvert une cuisine fantastique ainsi qu'un cahier de recettes entièrement écrit à la main – et vraiment très spécial. Une nouvelle venait d'arriver au collège. Je lui ai parlé de mes trouvailles et elle a décidé de se joindre à moi. C'est devenu notre secret à toutes les deux. Et maintenant, nous apprenons à cuisiner ensemble. Aujourd'hui, nous sommes cinq – quatre filles et un garçon, en plus de la vieille dame qui nous prête sa cuisine. Nous formons un vrai club – totalement anonyme. Personne ne sait qui nous sommes.

À part vous…

Voilà, vous connaissez le sujet de ce blog. Nous aimerions que vous vous joigniez à nous. Si vous le voulez bien, laissez des commentaires… et bienvenue au Club des Petits Chefs Anonymes.

Bien à vous,

Le Petit Chef

P.S. : Pas un mot aux adultes !»

Je repose le stylo. Par chance, j'ai lu assez souvent le blog de maman pour savoir comment ce genre de texte fonctionne. Il faut que le résultat soit naturel, bavard mais pas trop, et qu'il soit fidèle à ma pensée. Je suis plutôt satisfaite. Je choisis de signer Le Petit Chef en hommage au cahier de Mme Simpson. Moi qui étais si calme il y a une minute à peine, je me sens gagnée par une sorte de fièvre. Au fond de moi, je sais que j'étais destinée à venir ici et à tomber sur ce cahier de recettes. Destinée à aider Mme Simpson et à créer ce blog.

Je sursaute en entendant la porte d'entrée s'ouvrir. Je range mes papiers en vitesse. Je distingue un feulement rageur suivi de petits pas feutrés. Puis des voix :

— Ouch, pourquoi il m'a griffée ?

— Il doit avoir faim et il est content d'être de retour chez lui.

— *Atchoum* ! En plus, je suis allergique aux poils.

Une petite créature noire traverse la cuisine comme un éclair.

— Ganache !

Le chat fonce près du frigo, à l'endroit où se trouve normalement son bol. Ne voyant rien, il commence à miauler d'un air indigné.

— Salut Scarlett !

Violet entre avec le bol de Ganache à la main.

— Chuuut ! On a kidnappé Ganache.

— C'est vrai ?

Gretchen glousse pendant qu'Alison éternue en rafale.

— Il était où ?

— À la chatterie sur Priory Road.

Violet pose la gamelle, et je la remplis de pâtée.

— J'ai demandé à ma tante de cuisiner M. Kruffs pour savoir où il avait emmené le chat. Elle lui a dit qu'on envisageait de l'adopter. En réalité, on voulait faire la surprise à Mme Simpson. Elle est où, d'ailleurs ?

— Elle a laissé une note : elle est partie rendre visite à une amie.

— Oh. Tant mieux, c'est bon signe. On est passées tout à l'heure. Les ouvriers étaient en train de ranger leurs outils. J'ai eu un peu peur en voyant qu'elle n'était pas là.

— Et si on essayait de cuisiner quelque chose ? Peut-être qu'elle sera de retour à temps pour dîner.

Nous commençons à dévaliser le frigo et les placards. Violet suggère qu'on essaie le cottage pie des Ogres.

Je cherche l'émincé de bœuf pendant que Gretchen et Alison sortent dans le jardin ramasser des légumes de saison. Violet, elle, coupe les pommes de terre pour la purée.

— Et toi, tu étais où? me demande-t-elle.

Son petit sourire malicieux suggère qu'elle connaît parfaitement la réponse.

Mon masque d'indifférence se brise, fendu par un sourire idiot. C'est tellement dingue, ce qui m'arrive! Je suis en train de créer un site avec Nick Farr, et il veut intégrer notre club. Gretchen et Alison rentrent du potager. Tout à coup, je suis dans mes petits souliers.

— Alors, cette réunion? s'enquiert Alison les yeux humides à cause de son allergie aux poils de chat.

— Euh... c'était bien.

— «C'était bien»? se moque Gretchen. Allez Scarlett, dis-nous tout!

— Eh bien, il va m'aider à créer un site. Le Club des Petits Chefs Anonymes *online*. J'ai pensé qu'on pourrait avoir plusieurs onglets: Cakes et gâteaux savoureux, Repas faits maison et Recettes à partager.

— Pourquoi pas une rubrique sur des plats sains et diététiques? propose Alison. Par exemple: En-cas équilibrés. Mme Simpson m'a montré une super recette de barres protéinées aux fruits et aux noisettes. J'ai trop hâte de l'essayer.

— Bonne idée !

— D'accord, d'accord, nous interrompt Violet. Maintenant arrête de détourner la conversation. Raconte-nous ton tête-à-tête avec... lui !

Elle prend un air enjôleur et mes joues virent au cramoisi.

— J'ai passé un bon moment. À ce propos, Nick veut faire partie du club.

— Sérieux ? s'écrient Gretchen et Alison en chœur.

— Quel cachottier ! s'exclame Alison. Il ne m'a rien dit.

— Ce serait génial d'avoir un garçon dans l'équipe ! s'enthousiasme Violet.

— Surtout Nick Farr, hein, Scarlett ?

Gretchen m'envoie un baiser et un clin d'œil. Je me renfrogne.

— Très drôle.

« Ça se voit tant que ça que Nick me met dans tous mes états ? Je suis en ébullition et l'instant d'après, je ne sais plus où me mettre. » Je décide d'arrêter de bouder et je lance :

— Plus on est de fous, plus on rit !

— Peut-être qu'il invitera le reste de l'équipe de rugby, dit Violet. Je suis sûre qu'ils ont bon appétit.

— On verra bien. En attendant, n'oublions pas Mme Simpson. Voilà ce que j'ai en tête...

Je leur décris mon plan dans les grandes lignes. Nous allons ouvrir le site, attirer un maximum de *followers* et d'amis puis lever des fonds pour permettre à Mme Simpson et à d'autres personnes âgées de rester chez elles.

— Ça peut marcher, affirme Gretchen. Regarde tous les sponsors que ta mère a décrochés.

— On pourrait intégrer l'idée d'Alison et organiser un marathon de la pâtisserie pour mettre un coup de projecteur sur le projet. On acceptera sponsors, annonceurs et promesses de dons. L'idéal serait que des dizaines de collégiens participent un peu partout.

Alison rayonne de fierté. Gretchen poursuit sur sa lancée.

— Très bonne initiative ! Une fois qu'on aura un profil en ligne, si M. Kruffs essaie de forcer sa tante à quitter sa maison, on balancera l'info à ses électeurs.

— Vous croyez vraiment que ça va marcher ? dit Violet.

— À moins que quelqu'un ait un meilleur plan, répond Gretchen. Moi, je suis partante.

— OK. Une dernière chose (j'inspire à fond et je me tourne vers Alison) : je me demandais... à propos de Nick... il est... euh... ton...

Je n'en reviens pas que ces mots soient sortis de ma bouche. Gretchen et Alison se regardent et éclatent de rire. Le teint parfait d'Alison se colore d'une jolie nuance rose pêche.

— Mais non, tu es bête ! C'est mon cousin.

31
En apprentissage avec maman

Mon crâne bout comme un chaudron. Le nouveau site, M. Kruffs, Mme Simpson (mais où est-elle passée ?) – et, surtout, cette révélation tellement troublante : Alison ne sort pas avec Nick Farr, ils sont cousins ! Pas étonnant qu'elle soit aussi à l'aise avec lui.

Nous avons fini de préparer le cottage pie : une purée de pommes de terre légère et dorée recouvre un mélange de viande et de légumes frais émincés, aromatisé aux herbes. Le plat est simple mais riche et délicieux. Pourtant, pour une fois, je n'arrive pas à terminer mon assiette. Je verse le reste dans une boîte en plastique avec la part de Mme Simpson. Il se fait tard, et je commence à m'inquiéter pour elle.

On enchaîne avec la vaisselle, après avoir vérifié deux fois, et même trois, que le four et les brûleurs de la cuisinière sont bien éteints. Ganache est roulé en boule dans son panier à côté du fourneau. Mes amies parties, je reste encore quelques minutes dans l'espoir de croiser Mme Simpson. Mais elle n'arrive pas. Alors je finis par rentrer chez moi. Je referme la porte et cache la clé sous le paillasson.

Je suis surprise d'entendre la télé allumée dans notre salon. À cette heure-ci, Kelsie devrait être au lit depuis longtemps et maman est toujours trop occupée pour regarder des émissions. Pourtant, je la trouve affalée sur le canapé, assoupie, son ordinateur en équilibre sur les genoux. Au début, j'ai peur qu'elle m'ait attendue (par chance, elle semble avoir oublié que, techniquement, j'étais privée de sortie). Elle a l'air si fatigué. Pendant un bref instant, j'ai vraiment de la peine pour elle.

J'éteins le poste. Alors que je la regarde dormir, je suis frappée par une illumination. Elle ne m'autorisera pas à aller sur Internet à la maison, donc je ne pourrai ni poster mes billets ni mettre à jour mon nouveau site. Mais j'ai peut-être une solution.

Elle se réveille en sursaut lorsque j'ôte son ordinateur pour le mettre en sûreté.

— Scarlett ?

Elle regarde autour d'elle comme si elle ne se rappelait plus où elle était. Puis elle aperçoit son portable entre mes mains et tend le bras pour le reprendre.

— Merci de m'avoir réveillée, dit-elle. Il me reste des choses à finir.

— T'inquiète maman. Tu parais épuisée.

— Oh, c'est le métier qui veut ça, répond-elle en haussant les épaules.

— Je me disais... je pourrais peut-être t'aider? Avec le blog? Répondre aux mails, poster les mises à jour – peut-être même réagir aux commentaires. Il suffirait que tu me montres comment on fait.

Elle fronce les sourcils et me jette un regard suspicieux.

— Tu ne t'es jamais intéressée à mon blog.

— On commence à faire de l'informatique au collège. J'ai besoin d'entraînement.

— Alors tu t'es inscrite à une nouvelle activité?

Je m'empresse de démentir:

— Non! C'est juste que tout le monde sait se servir d'un ordinateur et maîtrise le fonctionnement des médias sociaux. Il faut que j'apprenne, moi aussi.

— Tu as sans doute raison (elle cogite avec une petite moue concentrée). Les médias sociaux, ça compte de nos jours. Je suppose que tu es assez grande pour les utiliser raisonnablement. Mais dans un cadre strict !

Je sens ses rouages de blogueuse se mettre en mouvement. « Au secours ! Ma fille débarque en ligne. Veut-elle se venger ? » Pour une fois, je ne suis même pas vexée.

— Bien sûr, maman. Et comme ça, tu n'aurais pas besoin de travailler autant.

— Hmm… Je vais y réfléchir.

— Je… euh… je pourrais commencer dès maintenant, si tu veux ?

— Non, je n'ai pas le courage de t'expliquer tout de suite.

— D'accord. Dès que j'aurai un peu de pratique, je te ferai gagner beaucoup de temps. Tu auras besoin de toute ton énergie pour le lancement avec Boots.

— Oui… La nuit porte conseil, on en reparle demain (elle ferme son portable et le pose sur la table basse en bâillant à s'en décrocher la mâchoire). Ne te couche pas trop tard.

— Promis.

Je n'ai pas exactement son autorisation, mais ça ne saurait tarder. Maman n'est pas du genre à refuser une main tendue – même la mienne. Nous montons ensemble à l'étage. Dès que j'entends la porte de sa chambre se fermer et l'eau couler dans la salle de bains, je redescends à pas de loup. Je retourne dans le salon et je rouvre son ordinateur. Il s'allume immédiatement et réclame un mot de passe.

Déterminée à ne pas renoncer au premier obstacle, je vais dans la cuisine et j'essaie la porte de son Antre. Elle ne s'ouvre pas. Je pousse plus fort – elle doit avoir besoin d'un bon coup de rabot. Non, elle refuse toujours de coopérer. Bizarre. Je n'avais encore jamais vu maman la fermer à clé.

Je fouille dans le tiroir fourre-tout à la recherche d'un double. Tandis que je brasse les papiers, les vieilles factures et les post-it jaunes, un bruit sourd résonne derrière la porte close. J'y retourne et je colle mon oreille contre le battant. Tout est calme – j'ai dû avoir une hallucination.

Je repars en quête d'une clé. À la place, je trouve un post-it avec le nom et le numéro d'un informaticien. Au dos, maman a gribouillé son mot de passe : scarlettkelsie1. Je suis surprise et même un peu émue qu'elle ait choisi les prénoms de ses filles. Je cours le taper sur le clavier. L'écran prend vie.

Bien, j'ai franchi la première étape – et maintenant ? Je commence par chercher le site Bloggerific.

Ensuite, je tâtonne, confuse, stressée, et je perds une bonne demi-heure à me créer un compte. Il me faut d'abord une adresse e-mail valide. Je vais donc sur un autre site pour obtenir une boîte mail et je reviens sur le premier pour rentrer l'adresse. Maintenant, je dois choisir un modèle et apprendre à manipuler les encadrés et les images. Enfin, je parviens à ouvrir une zone de texte. Alors, très lentement, avec mille précautions, je copie mon premier billet de blog signé Le Petit Chef.

Une fois que j'ai terminé de le taper, j'étudie le résultat. Pas mal. Mais il manque quelque chose. Visuellement, c'est plat et sec. Je sais pourquoi. Maman insère toujours des tas de photos insupportables sur son blog – genre des mères de famille des années 1950 qui passent l'aspirateur dans leur petit tablier ou qui s'occupent du linge – accompagnées de petites phrases censées être rigolotes comme : « Si vous n'écoutez pas maman, maman va vous faire AVALER SON CHIFFON !!! » Elle met des faux badges de récompense pas très drôles du style « Aujourd'hui j'ai lavé les affaires de gym de ma fille et j'ai survécu ! » Ses fans adorent ça et la félicitent dans leurs commentaires. J'ai besoin d'illustrations pour mon blog, moi aussi. Gretchen et Alison ont pris des photos de certaines de nos réalisations avec leurs portables. Ce serait un bon début.

Je passe la demi-heure suivante à me débattre avec la souris et à essayer d'insérer des cases vides pour y glisser les photos plus tard. Mais mon texte se décale, empiète sur les cases ou disparaît à moitié de la page. Frustrée, je sauvegarde mon brouillon et je ferme tout avant de multiplier les bêtises.

Je vais devoir demander de l'aide à Nick. Quel dommage !

32
Un visiteur indésirable

Je pars tôt le lendemain matin et je fais un saut chez Mme Simpson avant d'aller au collège. Ganache est à l'intérieur, il miaule à la porte comme d'habitude. Mais sa maîtresse n'a toujours pas donné signe de vie. L'angoisse me glace le ventre. Peut-être que M. Kruffs l'a enlevée ? Ou qu'elle a voulu se rendre quelque part toute seule et qu'elle s'est blessée ? Quand nous cuisinons avec elle, elle ne semble ni vieille ni fragile. Mais le jour où nous sommes allées la voir à l'hôpital ou la nuit de l'incendie, elle m'avait parue si frêle...

Violet voit à mon visage que quelque chose cloche lorsque je la retrouve dans le couloir du collège. Son sourire s'efface, remplacé par une mine soucieuse.

— Elle n'est toujours pas rentrée ?

— Non. Qu'est-ce qu'on peut faire ?

— Je ne sais pas. Tu es libre après les cours ?

— Euh... oui. Mais j'ai une ou deux questions à poser à Nick à propos du site.

Je crois déceler une expression amusée dans ses yeux pétillants.

— Sans blague.

Je prends un air vexé et je lui tourne le dos pour aller en classe.

Il me faut la matinée entière pour rassembler le courage nécessaire afin d'aborder Nick pendant la pause déjeuner. Je dois traverser toute la cantine pour atteindre sa table. J'ai les poils de la nuque hérissés. Je suis sûre que les gens vont me regarder en se moquant. À mon approche, il interrompt sa conversation avec un copain du rugby et lève les yeux. Je me dandine, mal à l'aise.

— Salut. Merci pour ton aide hier. J'ai... euh... quelques questions complémentaires.

Son ami hausse un sourcil. Comme je regrette d'être venue parler à Nick devant lui ! Je rougis jusqu'aux oreilles.

— Ouais, OK, répond Nick. Je ne peux pas aujourd'hui – peut-être demain ?

— Demain ? Oui, ce serait super.

Avant de m'enfoncer davantage, je me dépêche de faire demi-tour et je marche droit vers les toilettes. Gretchen et Alison sont devant les lavabos en train de peindre des rayures roses et violettes sur leurs ongles.

Gretchen me jette un regard dédaigneux pour donner le change à une fille qui se lave les mains. Sitôt cette dernière sortie, elle s'excuse d'un petit haussement d'épaules.

— Salut Scarlett. Quoi de neuf ?

— J'ai besoin de vos photos pour le site. Celles de tout ce qu'on a cuisiné.

— Je peux les télécharger directement sur Internet et te donner un coup de main si tu veux, propose Alison. Tu vas en avoir besoin… À moins que tu ne préfères te débrouiller seule avec Don Juan.

Je rougis encore une fois – et le miroir me le confirme.

— Non. J'accepte ton aide avec plaisir. Il y a autre chose : il faut qu'on retrouve Mme Simpson.

— Quoi ? s'écrie Gretchen.

— Elle n'est toujours pas rentrée.

— Tu n'as aucune idée du nom ou de l'adresse de son amie ?

— Non. Rosemary s'est volatilisée.

Nous fixons un rendez-vous chez Mme Simpson après les cours, comme d'habitude. Nous sommes toutes inquiètes. Mme Simpson ne fait pas partie de nos vies depuis très longtemps, mais pour nous, elle compte autant que n'importe quel autre membre du club. *Plus* même – puisque c'est elle qui nous enseigne la cuisine, qui nous prête sa pièce, ses ustensiles et son cahier de recettes spécial.

La maison est toujours vide à notre arrivée. Ganache miaule plaintivement. Je crois qu'il se sent seul – peut-être qu'il nous en veut de l'avoir «délivré». Nous nous mettons d'accord sur la recette des pâtes aux poivrons de Petit Pierre. Gretchen et Alison sortent dans le jardin pour cueillir des tomates pendant que Violet et moi nous préparons la pâte. Mais le cœur n'y est pas. Cela nous prend des heures: il faut la pétrir, l'étaler, la découper en longues lanières qu'on suspend un peu partout dans la pièce pour les mettre à sécher. Pendant ce temps, Gretchen et Alison font une grande salade, puis elles rectifient l'assaisonnement de la sauce avec les épices. Ça embaume et mon estomac gronde. Si seulement Mme Simpson pouvait revenir…

Tout d'un coup, nous entendons toquer à la porte d'entrée.

— Tante Rosemary, ouvre!

Nous nous figeons en échangeant des regards horrifiés. C'est M. Kruffs. On est prises la main dans le sac !

— Tante Rosemary, tu sais qu'il faut qu'on parle. Tu ne fais qu'aggraver ton cas en refusant de répondre à mes appels. Bon. Je rentre.

Une clé tourne dans la serrure, et la porte s'ouvre à la volée. Je passe aussitôt à l'action.

Je me plante en travers de son chemin, un sourire plaqué sur le visage.

— Bonjour monsieur Kruffs.

Violet m'apporte son soutien en venant se placer à côté de moi.

— Où est-elle ? demande-t-il d'un ton accusateur.

— Elle (je regarde mon amie d'un air faussement perplexe) ? Je croyais que le chat était un mâle, pas toi ?

— Je n'ai jamais regardé, ricane Violet.

— Je ne parle pas du chat ! s'emporte M. Kruffs. Je cherche ma tante.

Je lève les mains dans un grand geste théâtral.

— Aaah. Désolée, je ne l'ai pas vue aujourd'hui. Elle a laissé une note – elle serait partie voir une amie.

— Une amie ? Quelle amie ?

— Elle n'a pas précisé.

Il croise les bras.

— Et auriez-vous la grande amabilité de me dire ce que vous fabriquez ici si elle n'est pas là ?

— Comme je vous l'ai indiqué la dernière fois, je suis sa voisine. Et son amie. Comme nous toutes.

Je suis soulagée de constater que Gretchen et Alison sont arrivées en renfort derrière nous. Maintenant, nous sommes à quatre contre un.

— Vous n'avez rien à faire ici. C'est une propriété privée.

Je pose les poings sur les hanches, enhardie par la colère.

— Dans ce cas, appelez la police. Ils seront peut-être surpris d'apprendre que vous maltraitez une vieille dame ! Qu'après lui avoir enlevé son chat, vous voulez la forcer à quitter sa propre maison. S'ils ne nous écoutent pas, je suis sûre que vos électeurs le feront.

M. Kruffs avance d'un pas. Je saisis la main de Violet mais je ne recule pas. Gloups.

— Tu parles de choses que tu ne connais pas. Ma tante ne peut pas continuer à vivre ici toute seule. Il est de mon devoir de prendre des mesures, dans son intérêt à elle.

— Et quand elle sera partie, vous pourrez vendre sa maison et gagner plein d'argent pour financer votre campagne, c'est ça ? rétorque Violet.

Je lui serre la main, reconnaissante.

Il semble vraiment décontenancé pendant une seconde, puis il éclate de rire.

— C'est ce que vous pensez ? C'est le truc le plus dingue que j'aie jamais entendu.

— Ben... je ne sais pas.

— Non, tu ne sais pas, réplique-t-il avec fermeté. Maintenant, cette conversation est terminée. Rentrez chez vous.

— Bon, les filles, dit Gretchen d'un ton désinvolte. Vous avez entendu le monsieur. Il faut y aller.

— Mais et les...

Elle me coupe la parole.

— M. Kruffs s'occupera de la vaisselle (elle se tourne face à lui). Oui, nous étions en train de préparer le dîner. La cuisine est un peu en désordre. Pourriez-vous vous assurer que le four et le gaz soient bien coupés avant de partir ? ajoute-t-elle avec un sourire ironique.

— Vous étiez en train d'utiliser la cuisine ?

Je réponds du tac au tac :

— Bien sûr ! Votre tante nous apprend à cuisiner. Il faut qu'on s'exerce, même quand elle n'est pas ici. On ne veut pas la décevoir.

— Elle vous apprend à cuisiner..., répète-t-il sincèrement surpris.

— Oui, intervient Alison. C'est un merveilleux professeur – la meilleure. Elle sait tellement de choses – elle a même écrit un petit cahier de recettes très spécial. Elle n'a aucun problème, à part qu'elle est un peu âgée.

— Rosemary n'a pas cuisiné depuis des années – pas depuis la mort de Marianne.

— Marianne ?

Il saute sur l'occasion de m'envoyer une pique :

— Sa fille. Puisque tu es son « amie », je suis étonné que tu ne sois pas au courant.

« Pour mon petit chef – puisses-tu trouver l'ingrédient secret. » Je ravale la boule qui s'est formée dans ma gorge. Mme Simpson a écrit le cahier de recettes pour sa fille : Marianne. Et son enfant est morte.

M. Kruffs soupire.

— Tante Rosemary réchauffe de la soupe toute prête en guise de repas et elle y touche à peine. Il y a un an, elle dépérissait à vue d'œil. Elle a perdu tellement de poids qu'il a fallu lui imposer un régime complémenté en électrolytes et en fibres.

Il me fixe avec insistance. Je réponds en marmonnant :

— Ç'a l'air horrible.

— Oui. Le fait qu'elle ne s'alimente pas correctement est une des raisons pour lesquelles elle ne peut pas rester chez elle.

— Mais son frigo est toujours plein ! Elle a une cuisine géniale et plein de livres de recettes. Elle en a même écrit un à la main pour sa fille ! C'est clairement sa grande passion.

Il lâche un rire sardonique.

— Vous vous figurez que c'est ma tante qui va dans les épiceries et qui ramène ses courses toute seule ? Ou peut-être que vous vous imaginiez qu'un petit lutin sortait par magie de son livre de recettes la nuit pour remplir les placards ?

— Bien sûr que non.

En vérité, on s'était toutes interrogées sur ce mystère : comment la cuisine pouvait-elle être aussi bien approvisionnée quel que soit le jour de la semaine ? Mais j'omets de le préciser.

— Eh bien réfléchissez un peu. Elle ne conduit pas, et le supermarché est beaucoup trop loin pour qu'elle y aille à pied.

— Donc...

— Donc je lui fais livrer des provisions – enfin, c'est ma secrétaire qui s'en occupe. Chaque semaine. C'est réglé comme du papier à musique. Et pas de n'importe où, s'il vous plaît. Je sais que ma tante apprécie les produits bien frais et de qualité. La nourriture vient d'une épicerie fine. Les livreurs rangent les articles eux-mêmes et ils font exprès d'en laisser sur le plan de travail au cas où ça l'inciterait à se remettre à la cuisine. Ce n'est pas donné, croyez-moi. Mais ce serait malheureux que ma tante meure de faim, non?

— Si...

Et si M. Kruffs se faisait réellement du souci pour sa tante? J'envisage pour la première fois cette éventualité. Après tout, nous n'avons rencontré Rosemary que quelques fois – il doit savoir des tas de choses que nous ignorons. Évidemment, si elle ne mangeait plus avant notre rencontre, sans parler de la chute qui l'a conduite à l'hôpital, il y a de quoi se tracasser...

— Et maintenant elle a disparu, et vous êtes là. Elle n'a aucun ami dans le voisinage. Alors où est-elle passée?

— J'avoue que je n'en sais rien. Je comprends votre inquiétude (je consulte mes amies du regard, elles hochent la tête d'un air anxieux). Pourtant, sincèrement, votre tante a l'air d'aller bien. Quand on lui tient compagnie, elle est heureuse et elle mange tout ce qu'on lui prépare. Alors peut-être que vous exagérez la gravité de la situation?

Il m'étudie longuement. Des gouttes de sueur perlent sur mon front. Je relève le menton et j'essaie de parler comme maman le ferait à ma place :

— Monsieur Kruffs, souhaitez-vous rester quelques minutes de plus et partager le dîner que nous avons cuisiné ? Rien d'extraordinaire. Il n'y a que de la salade et des pâtes avec une sauce maison – la recette vient du cahier de recettes spécial de votre tante. Je crois que nous devrions tous nous asseoir autour d'une table pour discuter.

33
Un avertissement

Nous nous dévisageons, lui et moi. Les filles sont choquées. Mon cœur bat de plus en plus fort.

— D'accord, dit-il. Discutons.

«Mais qu'est-ce que j'ai fait?»

Violet et Alison se bousculent dans leur précipitation à rajouter un couvert à table. Je suis soulagée quand Gretchen fait signe à notre hôte de prendre une chaise et s'installe face à lui. Elle se tient bien droite, dans une attitude à la fois décontractée et calme – je reconnais bien là la déléguée et future avocate que tous les parents adorent.

M. Kruffs croise les bras. Pendant un instant, il donne l'impression de regretter d'avoir accepté l'invitation. J'apporte l'énorme saladier en bois et je prends place à côté de Gretchen.

— Donc, monsieur Kruffs, dit-elle, comment se passe votre campagne?

— Très bien, merci.

Il me glisse un petit coup d'œil en biais.

— C'est aussi l'avis de mon père. Vous le connaissez peut-être – Maître Alan Sandburg ?

— C'est ton père ?

— Oui, en effet, répond Gretchen avec un sourire suffisant. Il paraît que vous êtes un champion du « vote gris ».

M. Kruffs bombe un peu le torse.

— J'estime que nos seniors ont une place importante dans la société. Il faut les respecter et leur donner l'attention qu'ils méritent.

— Je suppose que vous serez obligé d'aller souvent à Londres si vous êtes élu.

— C'est exact. J'y passerai le plus clair de mon temps. J'ai d'ailleurs programmé un aller-retour pour le début de semaine prochaine.

Je l'interroge à mon tour :

— Vous n'avez pas de famille ici ?

Je lui passe le saladier et il se sert une généreuse portion.

— Je suis divorcé. Donc, non. En dehors de Rosemary, bien sûr.

— C'est tellement gentil de votre part de vous soucier de votre tante, dit Violet d'une voix sincère.

Son élan de sympathie pour M. Kruffs me fait froncer les sourcils.

Il verse une cuillerée de vinaigrette sur son assiette et tend le saladier à Alison.

— Que vous le croyiez ou non, oui, je me soucie vraiment d'elle. Comme je vous l'ai dit, elle est ma seule parente. Autrefois, elle était presque une mère pour moi. Mais sa santé a empiré ces derniers temps. Elle est distraite, elle oublie des choses et parfois elle ne tient pas bien sur ses jambes. Bien sûr, elle refuse d'en parler, mais j'ai peur qu'elle soit atteinte de démence sénile.

— Qu'est-ce que c'est exactement ? s'enquiert Gretchen.

— En termes simples, cela veut dire qu'elle perd la mémoire (il prend une bouchée de salade et la mâche longuement, l'air pensif). Cela arrive à beaucoup de gens âgés. Il n'y a pas de remède et ça n'évolue que dans un sens, malheureusement. Elle pourrait oublier d'éteindre le gaz, de s'habiller ou de nourrir le chat – voire sauter des repas sans s'en rendre compte. Elle représente un danger pour elle-même, et je ne serai pas toujours dans les parages pour veiller sur elle – en admettant qu'elle m'y autorise.

Je médite ses paroles pendant que nous mangeons notre salade en silence.

— Ces tomates… dit-il d'un ton rêveur. J'avoue qu'elles sont particulièrement juteuses.

— Votre tante les fait pousser dans son potager, explique Violet. Elles sont 100 % bio.

— Ma tante les cultive ?

— Eh oui.

Sitôt qu'il termine sa salade, Alison se lève et ramène le plat fumant de spaghettis. Il sent divinement bon mais je crois que je ne pourrai pas avaler la moindre bouchée. Pas tant que je n'aurai pas avoué ce que j'ai sur le cœur.

— Monsieur Kruffs, j'ai quelque chose à vous dire (je m'efforce de raffermir ma voix en m'agrippant des deux mains au rebord de la table). Ce n'est pas votre tante qui a oublié de fermer le gaz le jour de l'incendie. C'est nous – par accident, bien sûr. Elle nous apprenait à préparer des œufs Bénédicte. On a oublié d'éteindre et c'est de ma faute si le torchon a pris feu. Elle n'y est pour rien.

— Comment ? s'écrie-t-il la mine sévère.

— C'est nous qui sommes à l'origine du feu, pas votre tante.

Il s'appuie contre le dossier de sa chaise, stupéfait.

— Je pourrais appeler la police. Ce que vous avez fait est dangereux et stupide. Sans compter que votre bêtise a mobilisé des pompiers, et je ne parle même pas du gaspillage des deniers publics.

— Oui, je le reconnais. Mais… c'était un accident. Ça ne se reproduira plus.

Je me mords la langue en attendant l'explosion de colère qui ne va pas manquer d'arriver. Comment va-t-il réagir ? Je m'attends à le voir sauter de sa chaise et repousser la table d'un geste si brutal que nos pâtes se répandront par terre. Va-t-il vraiment appeler la police ou nous emmener au poste lui-même ?

Eh bien non. Il tend la main vers le plat et dépose une montagne de pâtes dans son assiette.

— Tenez, voici la sauce, dit Gretchen en lui donnant le bol d'une main tremblante.

Il trempe la louche dans le bol, la lève à hauteur de ses yeux pour mieux en apprécier le contenu et en verse une bonne dose sur ses pâtes. Puis il plante sa fourchette dans son assiette. Il n'attend même pas d'avoir fini la première bouchée pour en prendre une deuxième. Nous l'observons en silence toutes les quatre, sonnées – en quelques secondes, il a englouti la moitié de sa part.

Une fois ses spaghettis terminés, il repose sa fourchette, s'essuie la bouche avec une serviette et déclare :

— C'était courageux de ta part d'avouer.

Mes copines et moi, nous recommençons à respirer.

— Non pas que ça change quoi que ce soit sur le fond, ajoute-t-il en se resservant.

Le plat fait le tour de la table. Gretchen prend une petite part, puis c'est au tour de Violet. La gorge serrée, je dis d'une petite voix :

— Ah bon ?

— Non.

Je ravale ma salive.

— Vous êtes certain que Mme Simpson est atteinte de démence ? Si elle est parfois un peu distraite, c'est juste parce qu'elle est vieille. Et peut-être triste pour sa fille.

« Mon petit chef. » Gretchen me flanque un bon coup de coude. Je décide de l'ignorer.

— Quand est-elle morte ?

— Il y a deux ans, répond M. Kruffs. Un accident de voiture.

Je vois Violet frémir.

— Elle est morte sur le coup, elle n'a pas souffert d'après les médecins. Mais c'était la fille unique de Rosemary. Aucun parent ne devrait avoir à subir ça.

— Et elle aimait cuisiner?

— Si elle aimait ça? Ha! Elle était très douée. Elle a suivi une formation à Paris et en Suisse, puis elle est devenue un grand chef à Londres. Le restaurant où elle travaillait a décroché une étoile au Michelin à l'époque. Je me souviens des dîners de Noël qu'elles avaient l'habitude de cuisiner ensemble – de vrais festins! Ils étaient à la fois copieux et absolument délicieux. Ah, c'était le bon temps, conclut-il avec un sourire un peu sombre.

— Quelle tragédie, soupire Alison.

Elle se sert de la sauce, et le plat finit par arriver jusqu'à moi. Je persiste et signe:

— Oui. Mais ça ne veut pas dire pour autant que Mme Simpson perd la boule. Elle éprouve peut-être du chagrin, un sentiment de solitude ou d'ennui. Il lui manque une occupation pour se changer les idées.

M. Kruffs secoue la tête.

— Je le répète, sa santé se détériore. Elle a besoin de quelqu'un pour s'occuper d'elle. Et je manque de disponibilité. Il y a des endroits très bien, avec des gens très gentils. Je ne sais pas ce que vous avez entendu dire, continue-t-il d'un ton agacé, on raconte tellement de sottises à propos des maisons de retraite... Mais il existe plein d'établissements où les personnes âgées vivent très heureuses. Et en sécurité. Elle pourrait se faire de nouveaux amis. C'est exactement ce qu'il lui faut.

De plus en plus contrariée, je réponds :

— Mais elle a déjà de nouveaux amis – nous. Ça compte, non ?

— Des amies qui lui brûlent sa maison ?

Il me foudroie du regard.

— C'était un accident.

— Il n'empêche que ça s'est produit.

Je croise les bras.

— Je sais que vous êtes son neveu mais vous ne pouvez pas la forcer à quitter sa maison pour aller dans un endroit qui ne lui convient pas.

— En réalité, si, j'en ai parfaitement le droit (ses yeux brillent d'un éclat froid). Il se trouve que j'ai une procuration pour agir en son nom. Et je possède une part de cette maison.

— Mais c'est cruel ! Elle ne veut pas y aller...

Gretchen me redonne un coup de coude, encore plus fort cette fois. Je ferme la bouche et je boude, les yeux rivés sur mon assiette.

— Je comprends votre point de vue, monsieur Kruffs, dit Gretchen. La santé de ma grand-mère était très fragile et elle avait besoin de soins avant sa mort. Un infirmier venait la voir tous les jours. Et au cas où elle aurait eu un souci en son absence, papa lui avait installé un bouton d'urgence.

L'ambiance tendue ne coupe pas l'appétit de M. Kruffs, qui reprend des pâtes pour la troisième fois.

— Je ne suis pas sûr que cela suffise. Les événements de ces derniers mois m'ont convaincu qu'elle devait être constamment sous surveillance.

« Ça vous arrangerait bien de vendre la maison, hein ? » Je rouvre la bouche mais Gretchen me fait les gros yeux.

— Il n'est pas interdit de considérer toutes les options, ajoute-t-elle.

Elle parle vraiment à la manière d'un adulte. M. Kruffs ne répond pas. Il dévore ses pâtes comme un mort de faim. Je hume les arômes qui montent de mon assiette. Maintenant que Gretchen a pris le contrôle de la conversation, je prends une petite bouchée. Les herbes fraîches et les épices me picotent la langue. Les légumes regorgent de saveurs délicieuses. Les pâtes fraîches sont douces et pleines de goût.

— Ce repas était fameux, déclare M. Kruffs en s'essuyant la bouche.

— C'est vrai, vous trouvez? s'exclame Violet, radieuse. Je suis contente. Votre tante serait fière de vous l'entendre dire.

Cette phrase le laisse sans voix.

Quelques minutes plus tard, la sauce et les spaghettis ont entièrement disparu.

— Voulez-vous du dessert? propose Gretchen.

— Malheureusement, je vais devoir passer mon tour. Je dois me dépêcher. Ma tante n'est toujours pas rentrée. Elle s'est évanouie dans la nature, et il faut que je passe quelques coups de fil pour essayer de la retrouver.

— Elle a déjà fait ça avant? s'enquiert Violet.

Il marque une pause avant de répondre.

— C'est arrivé quelques fois. Malheureusement, les rares amis qu'il lui reste sont disséminés un peu partout dans le pays. Elle s'est déjà présentée chez des inconnus en cherchant des personnes mortes depuis des années.

— Oh.

Que dire de plus?

— Ça ne vous ennuie pas si on reste faire la vaisselle? demande Alison. Nous vérifierons que tout est bien éteint avant de partir et nous fermerons à clé.

— C'est d'accord. Mais à partir de maintenant, vous devrez trouver un autre endroit pour cuisiner – vous comprenez ?

J'ai l'impression que mes poumons se vident comme un ballon crevé mais je suis obligée d'acquiescer :

— Oui.

— Je serai à Londres la semaine prochaine pendant un jour ou deux. Je pars mardi matin tôt. Si elle n'est pas rentrée avant ce week-end, je contacte la police.

— Bien sûr, dit Gretchen.

Je me contente de hocher la tête.

— Merci d'avoir dîné avec nous, lance Violet d'une voix enjouée. Je crois que nous nous comprenons beaucoup mieux maintenant.

— Ç'a été... instructif.

Il passe une main dans ses cheveux bruns, nous adresse un bref salut et tourne les talons.

Il a à peine franchi la porte que nous ouvrons toutes les quatre la bouche en même temps... mais personne ne se résout à prendre la parole. Violet débarrasse la table pendant qu'Alison remplit le bac de l'évier d'eau mousseuse et chaude. Je retrouve enfin ma voix.

— Et maintenant, qu'est-ce qu'on fait ?

— Tu n'as pas aidé en t'énervant comme ça, me gronde Gretchen.

— Et toi qui jouais la première de la classe et qui lui léchais les bottes !

— Je n'en reviens pas que tu lui aies dit à propos du feu !

— On ne peut quand même pas lui laisser croire que c'était elle !

— Bon, les filles, intervient Violet, ça suffit. Il faut qu'on réfléchisse à la prochaine étape.

— Espérons que Mme Simpson rentre chez elle, gémit Alison. S'il doit appeler la police, la situation va devenir franchement critique.

Gretchen abonde dans son sens :

— Alison a raison. Il n'y a pas grand-chose à faire tant qu'on ne l'a pas retrouvée.

Je ne suis pas optimiste.

— Même si elle revient, comment peut-on lui faire confiance, à lui ?

Gretchen affiche un sourire énigmatique.

— Moi, je pense que M. Kruffs va finir par se ranger à notre avis.

— D'où tu sors ça ? Je trouve que c'est vraiment un sale type !

Elle lève les yeux au ciel.

— Franchement Scarlett. Tu ne lis jamais le blog de ta mère ? Elle dit toujours que le véritable chemin pour toucher le cœur d'un homme passe par son estomac.

34
Bien cachée

Je suis soulagée en rentrant à la maison ce soir-là : nous avons tenu tête à M. Kruffs et nous lui avons donné de quoi remplir son ventre et alimenter ses réflexions. Mais je dois l'admettre, la méthode de Gretchen pour traiter avec lui est plus efficace que la mienne, qui est sans doute moins mature. Il reste néanmoins un problème de taille à régler – où est Mme Simpson ?

Pour la deuxième nuit d'affilée, Maman travaille sur son ordinateur portable dans le salon. Ses cheveux emmêlés ressemblent à du crin, et elle a de vilains cernes sous les yeux. Mais un très joli gâteau tout rose en forme de papillon est posé sur la table à côté d'elle. Je distingue des miettes et un emballage – apparemment il avait un copain.

— Salut maman.

— Scarlett (elle sourit d'un air fatigué en consultant sa montre). Laisse-moi deviner : tu travaillais dur sur ton exposé de sciences ?

— Oui, il va être vraiment génial.

— Je suis contente que tu te sois fait une nouvelle amie. Comment as-tu dit qu'elle s'appelait ?

— Violet.

— Violet. C'est joli – comme Scarlett.

— Oui.

Je commence déjà à m'éloigner quand je l'entends poursuivre d'une voix hésitante :

— Parfois j'ai peur que... que tu n'aies pas d'amis à cause de... eh bien... tu sais...

Je m'arrête net.

— ... à cause de moi, finit-elle dans un souffle.

Je la fixe, abasourdie.

— À cause de toi ?

— Oui, je sais – c'est idiot. Ha ha ! Personne ne sait qui on est en réalité.

— Euh...

— Sauf les gens de Boots, bien sûr. Et peut-être les personnes qui pourraient reconnaître ma photo de profil. Enfin, bref. Mais tu sais quoi (son visage s'illumine) ? J'ai eu une idée. Je pensais évoluer dans une direction complètement différente.

Je ne suis pas certaine que ce soit bon signe. Je pince les lèvres. Maintenant que j'y pense, cela fait plusieurs semaines qu'elle n'a rien écrit de «méchant» sur moi. Après «Conseils de séduction pour mère célibataire», elle a rédigé un post pour un autre site dans lequel elle faisait la liste des spas les plus recommandables pour les mamans, et le post de ce prochain vendredi – «Psst... Je suis chez Boots!» – est consacré au lancement imminent de son produit. Alors peut-être que je devrais l'encourager à rester sur cette voie?

— Enfin, on verra..., fait-elle en haussant les épaules.

— J'ai hâte d'en savoir plus.

— Tu veux un bout de gâteau? Ils sont délicieux. J'ai bien dîné et je n'ai plus de place.

— Oh.

Qu'est-ce qui lui arrive? Ce qu'elle qualifie de «dîner», en règle générale, se résume à un yaourt et un sachet de chips – plus une part de pizza froide à l'occasion. Mais des gâteaux décorés? Jamais! Je me rappelle ce que Gretchen a dit à propos de son blog, et du chemin vers le cœur d'un homme... Et si elle avait décidé de recommencer à fréquenter des hommes? Ce serait sans doute une bonne chose

– elle aurait plein de nouveaux trucs à raconter, et en attendant j'aurais la paix.

— Je le mangerai plus tard, maman. Et si tu veux te coucher, je peux travailler un peu à ta place – comme on l'a décidé l'autre soir.

Elle fouille dans ses papiers.

— J'ai imprimé des mails pour que tu mettes ma liste de contacts à jour. Tu crois que tu pourrais t'en occuper?

— Bien sûr.

— Alors dans ce cas (elle se lève, plie et déplie les doigts avec lassitude)... Je te laisse les commandes. Mais souviens-toi – je te fais confiance pour ne pas aller sur les sites que tu n'as pas le droit de consulter. Je pourrai toujours vérifier.

Je prends un air offensé.

— J'essaie seulement de te rendre service. Mais si tu préfères que...

— Non Scarlett, j'apprécie ton aide (elle se dirige vers l'escalier). Je te le répète : j'ai confiance en toi.

— Oh maman, une dernière question.

Elle se retourne.

— Quoi?

— Il y a un problème avec ton bureau?

— Mais non voyons ! C'est juste ces odeurs de cuisine en provenance de chez la voisine qui me perturbent. C'est fou ce que ça me déconcentre.

Je grignote le joli cupcake en mettant à jour les contacts de maman. Ensuite, je retourne sur Bloggerific et je tape mes identifiants. Maman peut toujours me surveiller, ça ne m'inquiète pas. Si elle vérifie l'historique, elle constatera que j'ai consulté un blog de cuisine – quel mal y a-t-il à cela ? Je clique sur mon brouillon pour le mettre à jour. Je réussis à télécharger les photos de nos créations culinaires qu'Alison m'a envoyées par mail. La présentation n'est pas parfaite mais j'ai au moins la satisfaction d'avoir fait de mon mieux. Encore un clic, et voilà publié mon premier post en tant que Petit Chef.

Le Club des Petits Chefs Anonymes *online* est officiellement lancé.

Je surfe sur Bloggerific pendant un moment et je visite d'autres blogs de cuisine. Je ne peux pas m'empêcher de retourner régulièrement sur le mien au cas où quelque chose indiquerait que mon billet a déjà été lu. Évidemment, ce n'est pas le cas – il n'est en ligne que depuis quelques minutes. Je m'attendais à quoi ? Et puis soudain, un signal lumineux apparaît en bas de l'écran : batterie faible. Le chargeur de maman n'est pas dans le salon. Il doit être dans son Antre.

Je pose l'ordinateur et je vais dans la cuisine. Je suis surprise de voir des tas de casseroles et de poêles propres sur l'égouttoir. Quand maman cuisine un bon dîner, elle ne fait pas semblant. Je compte trois assiettes. Maman, Kelsie… et… ?

Aussi improbable que cela puisse paraître, je sais exactement qui est la troisième personne.

Je traverse la pièce et j'essaie la porte de l'Antre. Elle a du mal à s'ouvrir mais cette fois, elle n'est pas fermée à clé. Je prends une profonde inspiration et je pousse sur la poignée. Il fait complètement noir dans la pièce. Sans allumer la lumière, je murmure :

— Tout va bien madame Simpson, ne vous inquiétez pas. C'est moi, Scarlett.

Je n'entends pas de réponse, mais un petit cercle de lumière s'allume autour du vieux canapé sur lequel maman fait parfois la sieste. Je cligne des yeux, éblouie. Je vois une main parcheminée s'écarter de l'interrupteur et tirer un édredon aux couleurs fanées. Les cheveux de Mme Simpson forment un halo argenté sur l'oreiller ; les rides de son cou paraissent moins marquées dans la lueur tamisée.

— Scarlett. Tu ne diras pas à Emory que je suis ici, n'est-ce pas?

— Bien sûr que non.

J'entre dans la pièce. J'ai l'impression de rêver. *Maman* qui cache notre voisine – et dans son bureau en plus?

— Ta mère est très gentille.

— Tant mieux. J'ai encore du mal à le croire mais je suis contente – vraiment.

— Tu ne veux pas t'asseoir?

Elle me fait signe de prendre place sur le fauteuil de bureau à roulettes que maman a obtenu gratuitement à la déchetterie.

— Nous avons préparé un dîner ce soir, et hier soir aussi, mais vous n'êtes pas venue. Mes amies ont ramené votre chat.

— Ganache? Ganache est rentré?

— Oui. Il est de retour. Votre neveu est passé.

— Oh, Emory..., soupire-t-elle

— Il nous a fait des révélations qui m'ont un peu inquiétée, madame Simpson.

— Quoi donc? fait-elle en souriant de toutes ses dents. Que ça ne tourne plus rond chez moi et que j'ai besoin de me faire interner?

J'écarquille les yeux, surprise par sa franchise.

— Eh bien, je ne pense pas qu'il ait raison… enfin… oui, quelque chose dans ce goût-là.

— Mais encore ?

Je respire à fond.

— Il nous a raconté que vous ne mangiez plus. Que vous perdiez la mémoire à cause de…

— À cause de la sénilité.

— C'est vrai ?

J'ai peur de sa réaction. Elle lâche un petit rire triste.

— Quand on atteint mon âge, on a l'esprit encombré de milliers de souvenirs – sans parler de nos regrets. Avec tout ce fatras, tu crois qu'il reste assez place pour songer aux jours de la semaine, aux horaires d'ouverture des magasins ou aux dates auxquelles il faut régler les factures ?

— J'imagine que non. Il n'empêche que tout le monde est obligé de faire ses courses et de payer ses factures.

— Oui. C'est vrai. C'est ennuyeux d'avoir des trous de mémoire. Mais faut-il pour autant accepter de se laisser enfermer dans des endroits où il n'y a rien d'autre à faire que de regarder la télévision, manger de la bouillie et attendre qu'une infirmière vous aide à aller aux toilettes ?

Un spasme nerveux contracte le coin de ma bouche.

— Il nous a aussi parlé de votre fille. Je sais qu'elle… euh… qu'elle est décédée.

Elle baisse le regard sur ses doigts noueux. J'insiste un peu, sachant que Marianne est la clé de tout.

— C'est à elle que vous avez dédicacé le cahier, n'est-ce pas ? « Pour mon petit chef. » Vous cuisiniez ensemble, vous lui avez appris. Et puis, une fois adulte, elle est devenue un grand chef. Une des meilleures, d'après M. Kruffs. Vous deviez être tellement fière.

Une larme se forme au coin de ses yeux.

— Oui, tu as raison, Scarlett. Sur toute la ligne. Marianne était ma fille, mon « petit chef ». Tu m'as demandé une fois ce qu'était « l'ingrédient secret ». Eh bien, c'est quelque chose que chacun doit trouver en soi-même – et qui fait que la vie vaut la peine d'être vécue. Ma fille était tout pour moi, et plus encore. Et maintenant… elle est partie.

— Je suis désolée.

Je lui prends la main. Elle a une poigne étonnamment vigoureuse.

— Merci, ma petite.

Nous restons assises ainsi, sans parler, pendant quelques minutes. J'aimerais trouver les mots justes dans ces circonstances, mais au fond de moi, je sais qu'il n'y a pas grand-chose à dire.

Elle pousse un soupir rauque.

— Mon neveu n'est pas méchant. Il a bon fond. Et il n'a pas tort sur une chose : ma santé n'est plus ce qu'elle était. En vérité, j'ai parfois l'impression de compter les jours. J'essaie de m'activer dans la maison, je m'occupe du chat, du jardin. Mais cuisiner (ses yeux bleus se remplissent de larmes)... Pendant longtemps, ç'a été au-dessus de mes forces. Toutes ces odeurs, ces goûts, ces souvenirs.

— Je... je crois que je comprends.

— Et puis vous êtes arrivées, tes amies et toi. Vous êtes entrées chez moi et vous avez secoué mon quotidien. Vous m'avez apporté des flapjacks à l'hôpital (elle plisse le nez)... J'avoue que je n'ai pas trop aimé les violettes cristallisées.

— Ah zut !

— Mais j'ai su à ce moment-là que mon existence n'était pas tout à fait terminée. Qu'il me restait encore des choses à faire avant (elle secoue la tête)... Bref, je ne laisserai Emory m'enfermer nulle part, même si « c'est pour mon bien ». Peu importe que la résidence soit jolie et que ça me simplifie la vie de tous les jours. J'ai l'intention de me battre.

— Et nous allons vous aider.

— D'accord.

Elle cherche une position confortable sur son oreiller comme si la discussion l'avait épuisée. Pendant une seconde, elle grimace et se masse un point sur le crâne, juste derrière l'oreille.

— Vous allez bien?

— Ça va. Une petite migraine, c'est tout.

— Vous voulez un anti-douleur? Je sais où maman les range.

— Non, mon enfant.

Après un silence, je lui dis d'une voix hésitante:

— Nous lui avons préparé le dîner. M. Kruffs a débarqué pendant qu'on préparait les pâtes aux poivrons de Petit Pierre, avec une salade et une sauce maison.

Elle retire sa main, étonnée.

— Vous avez cuisiné pour Emory?

— Euh... oui. Il est venu pendant qu'on vous attendait. On a pensé que flatter son estomac pourrait le rendre plus conciliant.

— Et ça a marché?

— Eh bien... il ne nous a pas fait arrêter quand on a avoué à propos de l'incendie.

L'espace d'un instant, j'ai l'impression qu'elle va bondir hors du lit.

— Vous lui avez raconté pour le feu ?

Elle plaque une main sur sa bouche.

— Oui, bien obligées. Ce n'était pas juste de cacher la vérité. De le laisser croire que c'était vous alors que vous n'étiez pas responsable.

Elle se rallonge, stupéfaite.

— Pas juste ?

— Vous ne trouvez pas ?

Mme Simpson me dévisage avec sérieux. J'ai le sentiment qu'elle me voit différemment.

— Oui, vu sous cet angle-là... Je suppose que tu as eu raison.

— J'espérais... eh bien... que ça suffirait à le faire changer d'avis.

— Mais ça n'a pas suffi, hein ?

— Ben, pas vraiment. Il a l'air sincèrement préoccupé pour vous. D'ailleurs, il a dit qu'il appellerait la police si vous n'étiez pas de retour chez vous ce week-end.

— Bah ! La police ! Il n'en fera rien, ça j'en suis sûre ! Pas au beau milieu de sa campagne.

— Ça me rassure. Mais vous pourriez peut-être l'informer que vous allez bien ?

— Oui. Je vais l'appeler. Il n'a pas besoin de soucis en ce moment. Et je ne veux être un fardeau pour personne.

Sa respiration s'accélère. Une boule d'angoisse se forme dans ma poitrine. Elle ne débloque peut-être pas, mais Mme Simpson est très vieille.

— Ne vous tracassez pas madame Simpson. Gretchen pense qu'Emory n'est pas aussi méchant qu'il en a l'air.

— Oh non. Au contraire, il est même très gentil. Marianne et lui s'entendaient à merveille. Elle adorait lui préparer ses gâteaux préférés pour son anniversaire et à Noël. Emory était un garçon très sérieux, mais son visage s'illuminait quand il voyait les plats arriver (elle sourit faiblement). C'est lui qui a fait installer ma cuisine, il a tout arrangé. Nous étions si proches autrefois...

Je ne peux m'empêcher de marmonner :

— Oui, je comprends exactement ce que vous voulez dire.

— Emory souhaite seulement ce qu'il y a de mieux. D'ailleurs, il a peut-être raison au fond...

— Non ! Parce qu'on va s'occuper de vous. Moi et le Club. Maman aussi... Enfin, je le suppose puisqu'elle a décidé de vous offrir une cachette.

— En effet.

— Gretchen connaît des tas d'astuces intéressantes. Par exemple, vous pourriez vous faire installer un bouton d'urgence – c'est un interrupteur pour appeler les secours au cas où. Un aide-soignant peut passer à votre domicile tous les jours – voire emménager chez vous. Vous pourriez vivre comme ça pendant longtemps. Et si un jour, dans le futur, vous voulez aller dans une maison de retraite... Eh bien, au moins, ce serait votre choix.

— Merci Scarlett. J'admire ta force de caractère. Je vais réfléchir à tout ça. C'est agréable de savoir que même à mon âge, il reste des options à envisager (elle tire l'édredon jusque sous son menton en étouffant un bâillement). Mais maintenant, si ça ne te dérange pas, je crois que nous avons toutes les deux besoin de sommeil. Ç'a été une rude journée.

— Bonne nuit.

Je l'embrasse sur le front. Lorsque je lui serre la main une dernière fois, je constate qu'elle dort déjà.

35
La magie opère

Le lendemain matin, je me réveille tard, épuisée d'avoir passé une partie de la nuit à me tourner et à me retourner dans mon lit. Les rayons du soleil bombardent mon crâne, déjà martelé par mes pensées confuses. Que devons-nous décider à propos de Mme Simpson ? Pouvons-nous faire entendre raison à M. Kruffs ? Quelqu'un a-t-il regardé mon blog ? Puis je me souviens brusquement que je suis censée retrouver Nick Farr ce soir après les cours et je me liquéfie.

De bonnes odeurs de petit-déjeuner me parviennent du rez-de-chaussée. Mon estomac gargouille d'impatience. Maman est déjà dans la cuisine avec Kelsie. Mme Simpson a préparé un repas gargantuesque à base d'œufs, de bacon et de croissants au beurre. L'assiette de ma sœur est presque vide, et – ô miracle – pas une goutte de ketchup en vue.

Maman me regarde avec une expression radieuse lorsque j'entre dans la pièce.

— Scarlett, je vois que tu as découvert mon petit secret.

Je la fixe sans esquisser le moindre geste pendant une seconde. Puis je me jette à son cou.

— Merci maman.

Je me blottis spontanément dans ses bras pour la première fois depuis très longtemps.

— Oh, Scarlett !

Elle m'étreint à son tour.

— En fait, ce n'est plus un secret, m'explique-t-elle. Rosemary a appelé son neveu avant le petit-déjeuner pour l'informer qu'elle était ici.

Je m'écarte, submergée par l'émotion. Mme Simpson se lève de table, lisse son tablier et sort une assiette pour moi.

— Je peux me servir, madame Simpson. Mangez. C'est très appétissant.

— Non ma petite, insiste-t-elle. Assieds-toi. Ça me fait plaisir.

Une lumière chaude envahit la cuisine – un mélange de nourriture réconfortante, de petites attentions et d'amitiés inattendues. Maman prend un second croissant et mord dedans en fermant les yeux.

— Rosemary, c'est divin. J'avais oublié le goût des bonnes choses (elle me regarde en souriant). En fait, j'ai peur d'être un peu passée à côté de l'essentiel ces dernières années.

Je lui rends son sourire. Je n'arrête pas de cligner des yeux pour m'assurer que je ne rêve pas. Cette scène me paraît tellement irréelle.

— Racontez-lui ce que vous m'avez confié, lui propose gentiment Mme Simpson. Dites-lui tout.

Maman prend une grande inspiration.

— Il y a des détails de mon passé dont je ne t'ai jamais parlé, Scarlett. Des détails douloureux que je préférais enterrer.

Je la dévisage. Maman n'évoque presque jamais son passé. Face à elle, Mme Simpson lui adresse un hochement de tête encourageant, comme si elles avaient tout répété ensemble.

— Tu ne le sais peut-être pas mais ma grand-mère vivait avec nous quand j'étais petite. Elle n'avait plus toute sa tête depuis la mort de son mari mais elle était gentille : elle s'est bien occupée de moi quand mon père est parti et que maman a dû reprendre un travail.

— Ton père a quitté ta mère ?

J'essaie de digérer cette information. Je n'ai connu aucun de mes grands-parents du côté de maman

– ils sont morts avant ma naissance. Les parents de papa habitaient très loin, alors je ne les connaissais pas tellement mieux. Ne pas avoir de relations avec mes grands-parents ne m'a pas manqué – le lien n'existait pas. Je n'ai jamais posé de question à leur sujet.

— Mon père est parti avec sa secrétaire – je ne l'ai plus revu (elle déglutit, puis reprend). Au début, j'ai blâmé maman – je lui reprochais d'avoir perdu papa et de me délaisser pour son travail. Elle n'était pas là le soir, en général. Elle n'avait trouvé qu'un emploi de barmaid et elle passait ses soirées à tirer des bières à la pression dans un pub. Parfois, je restais éveillée, j'attendais qu'elle rentre. Elle empestait la fumée, la transpiration et la bière rance. Je détestais ça (elle avale une longue gorgée de café fraîchement préparé). Mais quand ma grand-mère est venue vivre avec nous, mon quotidien s'est transformé (son regard se perd dans le vague, comme si elle contemplait ses souvenirs d'enfance). Il y avait de la magie dans l'air. Elle était très bonne cuisinière, elle me racontait des histoires, elle jouait du piano... C'était... très chouette.

— Oui, on dirait !

— Et puis elle est morte.

Mme Simpson pose une main sur le bras de maman.

— Tout le monde meurt un jour ou l'autre, ma chère. Quand je vous entends parler de « magie dans l'air », je repense aux merveilleux moments passés avec ma fille, Marianne. C'était une magie particulière – un enchantement de chaque instant.

— J'ai essayé de remiser ces souvenirs au fond de mon esprit pendant si longtemps, continue ma mère d'une voix tremblante. Je m'étais juré de ne pas finir comme maman – coincée dans un travail dégradant, sans argent et sans liberté.

— Naturellement, dit Mme Simpson.

— Alors quand ton père est parti, Scarlett – dans les mêmes circonstances que le mien –, j'ai résolu de prendre le contrôle de mon existence. J'ai lancé le blog qui a rencontré un succès... incroyable. Pour la première fois, les gens me remarquaient. Pour la première fois, j'étais quelqu'un d'important.

Je l'interromps avec douceur :

— Non, maman. Tu étais déjà importante avant. Pour moi et pour Kelsie.

— J'aurais dû vous accorder plus d'attention. À la place, je me suis laissé dévorer par le blog. Et je suis devenue exactement comme ma mère. Voire pire.

Ses yeux brillent de larmes. Pour la première fois, je vois de la compréhension dans son regard. Elle a enfin saisi ce que je ressentais.

— Bien pire, dit-elle.

— Oh maman…

Je me rends compte que je pleure aussi. Elle serre fort ma main.

— Et puis j'ai commencé à sentir les odeurs de cuisine qui s'échappaient de chez Rosemary. J'ai eu l'étrange sensation que mes souvenirs étaient là, de l'autre côté du mur. Qu'ils cherchaient un moyen de franchir l'obstacle en s'infiltrant dans les moindres fissures. Tout à coup, j'ai repensé à maman, à ma grand-mère et à mon enfance. Le plus étrange, c'est que la douleur s'était estompée. Mieux que ça. Je prenais du plaisir à me les remémorer.

— Je suis contente pour toi.

— Mais j'avais encore du mal à voir les choses en face, à affronter la réalité de ce qu'était devenue notre relation – et ma responsabilité là-dedans. Ensuite il y a eu l'épisode de l'incendie. Tu ne peux pas savoir comme je suis fière de ta réaction, Scarlett. J'ai eu tellement honte de moi. Enfin, Rosemary nous a cuisiné cet incroyable petit-déjeuner… Après, je suis allée dans mon bureau dans l'intention d'écrire quelque chose sur ce qui venait de se passer. Mais au lieu de ça, j'ai fermé mon ordinateur et je suis allée toquer à côté.

— C'est vrai ?

— Oui, c'est vrai, confirme Rosemary en tapotant la main de maman. Nous avons eu une petite conversation, accompagnée d'une bonne tasse de thé. Ou plutôt d'une théière entière ! Ta mère m'a aidée à nettoyer après le passage des pompiers.

— Ah bon ?

Maman éclate de rire.

— À t'écouter, Scarlett, faire le ménage réclame un effort surhumain ! En se retroussant les manches, on peut venir à bout de tout, tu sais. Même de la plus immonde des décharges. D'ailleurs, ça me donne une idée d'activité pour ce week-end. On pourrait s'attaquer à ta chambre – ensemble.

— D'accord. Mais... tu ne vas pas écrire un post dessus, hein ? Ni même le mentionner en passant ?

Elle affiche une expression déterminée.

— Je t'ai dit que le blog allait prendre une nouvelle direction. J'y réfléchis depuis un moment – depuis le jour où tu as ramené les scones à la cannelle à la maison.

— Ah bon ?

— Oui. J'ai remonté le fil des posts, jeté un œil aux statistiques, aux commentaires, à la fréquentation... Tous les indicateurs pointent dans le même sens. La tendance est nette.

L'estomac noué, je réclame :

— Tu vas me donner des détails ?

— En gros, il existe une forte demande pour les « blogueuses inspirantes ».

— Les *quoi* ?

— Je vais me concentrer sur ce qui peut inspirer d'autres mamans et d'autres femmes. Je serai une sorte de coach en ligne pour celles qui veulent lancer leur boîte, changer de carrière ou juste retrouver une seconde jeunesse. Je veux les aider à suivre leurs rêves – comme je l'ai fait, moi.

— Oh.

Elle a l'air très sérieuse.

— Ce qui signifie, Scarlett, que dorénavant tu n'auras plus le premier rôle, j'en ai peur.

— Ah... non ?

— Non (elle sourit). Je vais être une toute nouvelle maman pour ta sœur et toi. Je te le promets.

Quelque chose se libère dans ma poitrine, une vanne explose : une vague de soulagement mêlé à un sentiment qui ne m'était plus si familier...

L'espoir.

— Rosemary va m'aider, conclut maman. Et nous allons l'aider en retour – comme tu l'as fait l'autre nuit. Après tout, c'est à ça que servent les voisins, non ?

36
Amis et *followers*

J'ai l'esprit embrumé au moment de partir pour le collège. J'ai l'impression de vivre un rêve éveillé. Maman change de cap et vole au secours d'un autre être humain dans le besoin ! Je ne crois pas à la magie – ni à celle des contes de fées ni à l'enchantement de chaque instant dont parlait Mme Simpson. Mais c'est indéniable : ma vie est transformée depuis ma rencontre avec la vieille dame.

Elles ont discuté des détails pratiques pendant que je terminais mon petit-déjeuner. Mme Simpson va recruter une auxiliaire à temps partiel pour veiller sur elle. Mais maman et moi, nous serons là pour aider aussi. Maman parlera également à M. Kruffs et essaiera d'arranger les choses avec lui. J'ignore comment elle va réussir à se dégager du temps pour nous. En tout cas, elle m'a donné son vieux téléphone portable pour que nous puissions rester en contact au cas où Mme Simpson aurait besoin de quelque chose. Même si maman s'est métamorphosée, elle et moi avons encore beaucoup de problèmes à régler. J'ai accepté ses excuses et je lui ai pardonné. Mais comme on dit, j'attends de pouvoir juger sur pièces. En attendant, les dernières évolutions excèdent mes rêves les plus fous.

La journée de cours passe vite. Mon pouls commence à s'affoler à la perspective du rendez-vous avec Nick. Je me dirige vers la bibliothèque. Mes genoux s'entrechoquent à cause du trac.

Nick est déjà là avec son ordinateur allumé.

— Salut Scarlett.

Il balaie ses cheveux châtains ondulés d'un revers de la main. J'essaie de contrôler ma respiration et je m'assieds à côté de lui.

— Salut.

— Je vois que tu as déjà lancé ton site. Je trouve que c'est une super idée.

— J'ai suivi tes conseils. Mais j'ai encore du mal avec les onglets et la présentation…

Il me regarde avec un sourire éclatant, et mon cœur manque de s'arrêter.

— Tu as déjà douze *followers*. Pas mal en moins d'une journée, tu ne trouves pas?

— Douze ?

Je me penche et je fais défiler l'écran. Le petit compteur que Nick vient d'insérer en bas de l'écran indique que vingt-deux personnes ont visité mon blog et que douze se sont abonnées aux mises à jour.

— C'est bien réel alors.

Mes doigts commencent à fourmiller d'excitation. C'est ce que maman doit ressentir chaque fois qu'elle crée un nouveau lien avec un inconnu en ligne.

— Eh oui ! dit Nick.

Il m'aide à installer les onglets supplémentaires – Cakes et gâteaux savoureux, En-cas équilibrés, Repas faits maison et Recettes à partager – et il ajoute de nouvelles zones pour glisser des photos.

— Maintenant, il y a deux ou trois trucs à faire pour améliorer la visibilité du blog. En gros, il faut s'inscrire sur d'autres sites de médias sociaux et tout relier ensemble. Tu dois bâtir ta présence en ligne – battre le fer quand il est chaud.

— OK.

Je reste assise à observer ses gestes, hypnotisée par ses longs doigts qui tapent d'une manière experte sur le clavier, et ses yeux couleur chocolat qui suivent le curseur tandis qu'il clique, colle des liens, ajoute des icônes et crée mon profil de Petit Chef sur d'autres sites.

— Je mets quoi comme mot de passe ?

Il tourne la tête vers moi d'un mouvement vif. Je fais un petit bond en arrière, surprise.

— Oh, euh... Pourquoi pas « chantilly » ?

— Va pour « chantilly ». À ce propos, tu serais partante pour cuisiner lundi après les cours ?

— Lundi ?

— Tu sais, le gâteau pour ma mère. J'ai hâte de m'y mettre. Je peux compter sur le Club des Petits Chefs Anonymes, hein ?

— Bien sûr. Après tout, je te dois bien ça.

— J'accepte un paiement en pâtisseries ! lance-t-il avec un petit clin d'œil espiègle.

— Alors c'est vrai – le chemin pour toucher le cœur d'un homme passe par son estomac... ?

— Pas faux.

Il soutient mon regard pendant une seconde. Je fonds à l'intérieur. Oh là là !

37
Le bras de fer

10 octobre, 21 h.

Merci à tous ceux qui se sont inscrits pour suivre mon nouveau blog. J'ai hâte de préparer plein de petits plats délicieux en votre compagnie.

La dernière fois, je vous ai parlé de ma voisine – elle a dû aller à l'hôpital après un accident. Je suis allée chez elle nourrir son chat et j'ai trouvé un cahier de recettes très spécial et très vieux, écrit à la main et dédié à « mon petit chef » (sa fille, en réalité).

Alors je me suis dit : pourquoi ne pas me lancer ?

J'ai commencé par cuisiner des scones à la cannelle.

Ils étaient dodus, moelleux et savoureux à souhait – il faut absolument que vous les essayiez !

Voici la recette.

Oh, et faites attention à ne pas vous blesser avec le four et le couteau – au besoin, demandez de l'aide à un adulte.

Pour 14 à 16 scones :

450 grammes de farine avec levure incorporée
Une grosse pincée de sel
100 grammes de beurre
50 grammes de sucre en poudre
1 cuiller à café de cannelle en poudre
250 millilitres de lait

Pour le dessus :

20 grammes de sucre en poudre mélangé à une demi-cuiller à café de cannelle en poudre

Préchauffez le four à 220 degrés (thermostat 7)
et beurrez légèrement la plaque de cuisson.
Tamisez la farine et le sel au-dessus d'un saladier,
ajoutez le beurre coupé en dés et mélangez avec
les doigts jusqu'à obtention d'un mélange sablé.
Versez le sucre et la cannelle, puis le lait, et fouettez
rapidement avec un couteau à bout rond.
Votre boule de pâte doit être bien homogène.
Posez-la sur un plan de travail saupoudré de farine.
Ensuite divisez-la en deux boules de taille égale.
Essayez de ne pas les manipuler plus que nécessaire.
Abaissez-les délicatement au rouleau pour former
deux rectangles d'environ 22 centimètres de long,

8 centimètres de large et 2 centimètres d'épaisseur. À l'aide d'un grand couteau de cuisine, coupez des triangles de 6 centimètres environ à la base. Déposez les triangles sur la plaque et saupoudrez-les généreusement avec le mélange de sucre et de cannelle. Enfournez la plaque à mi-hauteur et laissez cuire pendant dix à douze minutes. Les scones doivent être bien gonflés et dorés su le dessus. Retirez la plaque et laissez tiédir un peu. Vous pouvez les manger chauds ou froids. Mais je vous recommande de les déguster le jour même, chauds, coupés en deux avec une petite noisette de beurre, et le reste du mélange au sucre et à la cannelle saupoudré sur le beurre fondu.

Oh, et n'oubliez surtout pas de préchauffer le four. Ça marche beaucoup mieux.

Merci d'avoir lu ma recette. J'espère que vous prendrez plaisir à préparer les scones. Et peut-être que vous pourrez faire comme mon amie et moi – on en a laissé tout un panier dans la cantine du collège sans dire à personne d'où ils venaient. Indiquez juste : « Offert par le Club des Petits Chefs Anonymes ».

Bonne pâtisserie !

Le Petit Chef

Quand j'ai terminé de recopier, je télécharge une photo de Violet pour illustrer la recette. Pour l'instant, bloguer est assez rigolo – même si ce n'est pas aussi amusant que cuisiner, je comprends ce qui plaît à maman. Ça permet de créer du lien – ce qui semble plus facile à faire sur Internet que dans la vraie vie.

Je contemple ma chambre en songeant à tous les changements positifs que le Club des Petits Chefs Anonymes a apportés dans mon existence. Hier, j'ai carrément flirté avec Nick Farr dans la bibliothèque ! La perspective de le revoir m'aide à mieux réaliser tout ce qui m'arrive.

Lundi après-midi, en quittant le collège, je me sens à la fois nerveuse et très excitée à l'idée d'accueillir Nick dans le club. Je sais que nous pouvons préparer un magnifique gâteau d'anniversaire pour sa mère. Lorsque je tourne dans ma rue, ma bonne humeur s'envole. La Mercedes noire est garée devant chez Mme Simpson – M. Kruffs est là.

Je hâte le pas. Des éclats de voix me parviennent à travers la porte ouverte.

— C'est la goutte d'eau, Rosemary. Je ne peux pas continuer à me faire du mauvais sang comme ça tout le temps.

— Je t'ai appelé vendredi – ce n'était pas la peine que tu viennes et tu n'as pas besoin de t'inquiéter pour moi.

— Mais si, je m'inquiète – tu le sais très bien. J'ai besoin de te savoir en sécurité. Maintenant prends tes affaires et viens avec moi.

— Non, hors de question. Je n'irai nulle part.

Mon cœur bondit dans ma poitrine. Maman avait dit qu'elle veillerait sur Mme Simpson et qu'elle discuterait avec M. Kruffs. Où est-elle ?

Et puis je me rappelle. Elle avait rendez-vous avec Boots aujourd'hui à propos du packaging de son kit de survie pour mamans débordées. Laissant Mme Simpson affronter seule son neveu !

Je grimpe les marches du perron.

— C'est pour ton bien, tu le sais ! J'essaie seulement d'aider. Viens avec moi jeter un œil. C'est un endroit formidable, je t'assure...

Je m'efforce de prendre une grosse voix :

— Que se passe-t-il ici ?

Mme Simpson est étendue dans le canapé tandis que son neveu fait les cent pas devant elle. L'expression de la vieille dame est plus proche du défi que de la résignation.

— Encore toi ?

M. Kruffs me jette un regard plus noir que la fourrure de Ganache. Mais j'ai une idée. Je plonge la main dans ma poche et je sors le vieux portable de maman. Avant qu'il ait le temps de réagir, je prends une photo.

— Oui, c'est encore moi ! Scarlett.

— Qu'est-ce que tu fabriques avec ça ?

— Une photo qui pourrait intéresser les « seniors ». Puisque vous agissez dans l'intérêt de votre tante, comme vous le prétendez.

Rosemary lève sa canne dans un geste qui ressemble à un pouce tourné vers le haut.

— Scarlett, tu arrives toujours à point nommé, me dit-elle.

Je lui souris. M. Kruffs regarde sa montre.

— C'est ridicule, Rosemary. Tu sais que je pars pour Londres demain.

— Elle ne vous retient pas.

La tension fait monter ma voix dans les aigus.

— Reste en dehors de ça.

Il fouette l'air avec sa main comme si j'étais une mouche.

— Mais Emory... Je me tue à te le dire. Tu n'as plus besoin de te faire du souci pour ma sécurité.

J'ai trouvé des gens pour veiller sur moi. De nouveaux amis. Scarlett et sa mère.

— Oh ? Ces fameux amis qui ont mis le feu à ta cuisine ? Et je vois Scarlett mais... où est sa mère ? Quand je suis arrivé à l'instant, tu étais en train d'errer dans la rue. De vrais amis ne te laisseraient pas courir le risque de te perdre dehors.

— Pas du tout ! proteste-t-elle. Je revenais de l'épicerie du coin. J'avais besoin de farine. Nous allons préparer un gâteau.

— Un gâteau (M. Kruffs ouvre des yeux ronds comme des billes) ? Depuis quand as-tu recommencé à cuisiner ? Je croyais que tu y avais définitivement renoncé à la mort de Marianne.

Elle s'apprête à répliquer et se ravise. Sa bouche tremble. Je m'interpose.

— Vous voyez bien que vous lui faites de la peine ! Vous êtes méchant.

— Pardon, pardon. Je n'aurais pas dû dire ça. Mais toi, cesse de faire comme si tu ne savais pas pourquoi j'étais là.

— Eh bien non. Mme Simpson vous a demandé de partir – alors vous n'avez aucune raison d'être là !

— S'il vous plaît, arrêtez tous les deux, intervient sévèrement Mme Simpson. Ça n'aide pas.

Nous nous tournons vers elle, penauds, puis nous échangeons un coup d'œil. Il se redresse et retrouve son maintien d'homme politique. Je ravale ma salive en essayant de réfléchir à ce que ferait Gretchen à ma place.

— Tu as l'air de penser que je suis un monstre, me dit-il plus calmement. Alors que tout ce que je veux, c'est mettre ma tante en sûreté. J'ai fait jouer mes relations, donné quelques coups de fil et je lui ai trouvé une place dans une maison de retraite fantastique. À quinze minutes d'ici à peine. Elle aura sa propre chambre, avec des aides-soignants disponibles vingt-quatre heures sur vingt-quatre. Ils organisent plein d'événements, et il y a même une cuisine accessible aux résidents si elle en a envie. Cette opportunité ne se représentera pas de sitôt – des places comme celle-là ne se libèrent pas souvent. Je lui demande seulement de m'y accompagner ce soir pour jeter un œil. Si ça lui plaît, et qu'elle vend la maison, elle pourra s'installer là-bas pour le restant de sa vie. Elle n'aura plus jamais à se soucier de rien.

Je respire lentement.

— Elle ne veut pas y aller. Elle veut rester ici, chez elle. Et nous allons nous occuper d'elle. Entre ma mère, moi et mes amis, plus le soutien d'un auxiliaire à domicile peut-être – nous pouvons y arriver. Et elle s'occupera de nous aussi. Un peu comme une grand-mère.

Mme Simpson s'avance en boitillant et prend son neveu par le bras.

— Elle a raison, Emory. Prends ton train demain matin sans te tracasser. Je t'appellerai et tu pourras te joindre à nous pour dîner un soir en fin de semaine.

Il semble accepter sa défaite – provisoirement.

— Très bien, je m'en vais. Mais laissez-moi vous dire que vous n'avez pas les pieds sur terre, ni l'une ni l'autre.

Je m'écarte pour le laisser sortir. Il claque violemment la porte derrière lui.

Je tremble comme une feuille. Je me sens si faible que je dois m'appuyer au mur pour garder l'équilibre. Rosemary retourne à son canapé où elle se laisse tomber tel un animal blessé. Nous nous regardons toutes les deux.

— Votre neveu est horrible avec vous.

Elle ferme les yeux et se masse les tempes.

— Non, il fait à son idée. Mais je suis si fatiguée de lutter. Peut-être que je devrais…

— Non madame Simpson, n'abandonnez pas. Vous ne pouvez pas renoncer. C'est dommage que maman n'ait pas été là. Elle lui aurait réglé son compte.

— Tu n'as pas mâché tes mots !

Elle rouvre les yeux. Ils ont retrouvé leur éclat habituel.

— J'avoue. Et ne vous en faites pas : j'ai la preuve qu'il vous maltraite !

Je brandis le téléphone. Elle me prend la main.

— Garde-la si ça te fait plaisir, mais je ne crois pas que tu en auras besoin. Bon, où sont tes amis ?

Je consulte ma montre.

— Ils ne devraient plus tarder maintenant. Au fait, le nouveau membre dont je vous ai parlé se joint à nous ce soir. Il s'appelle Nick. Nous sommes toujours d'accord pour l'aider à confectionner un gâteau pour sa mère ?

— Avec grand plaisir ! Il n'y a aucune raison pour qu'un garçon ne fasse pas de pâtisserie. Qu'il profite de ce que vous apprenez ici puisque ça l'intéresse. Mais si je me fie à mon expérience, il va falloir tripler les doses...

J'entends justement toquer à la porte. Mon cœur se serre un instant – pourvu que M. Kruffs ne soit pas revenu. Mais à mon grand soulagement, le Club des Petits Chefs Anonymes au grand complet est réuni sur le palier : Violet, Gretchen, Alison et, debout derrière elles, Nick Farr.

— Salut Scarlett, dit-il. Ça va ?

Je rougis comme une tomate.

— Maintenant, oui.

38
De toutes les couleurs

— Ouah, cette cuisine est géniale ! s'exclame-t-il.

— Merci jeune homme, dit Mme Simpson (elle me sourit et me jette un regard malicieux). Alors, j'ai cru comprendre qu'aujourd'hui, nous allions confectionner des gâteaux.

— Oui. C'est pour ma mère. Elle fête ses quarante ans.

— Ha ! Elle est toute jeunette.

— Elle a étudié l'art avant d'avoir des enfants. Elle était peintre. Je me disais qu'on pourrait faire un gâteau avec plusieurs couches de différentes couleurs. Ce serait possible ?

Mme Simpson irradie de bonheur.

— J'ai bien fait d'acheter deux paquets de farine supplémentaires dans ce cas. Si tu veux de la couleur, essaie le placard du bas à côté de la cuisinière. Je suis sûre que cette jeune fille, ajoute-t-elle en pointant sa canne vers Violet, sera ravie de t'aider à décorer.

Celle-ci, enchantée, ne se fait pas prier et va chercher les colorants pour le glaçage.

Nous mélangeons, colorons, mettons au four, re-mélangeons, re-colorons, re-mettons au four. Nous créons six étages aux saveurs différentes et aux couleurs de l'arc-en-ciel, trois gâteaux en tout – un gros pour la mère de Nick, un petit pour nous et un troisième de forme rectangulaire pour le collège. C'est un travail de titan, et même Nick, la star de l'équipe de rugby, ne tarde pas à transpirer. Pendant que les gâteaux tiédissent, nous passons à la décoration. Mme Simpson supervise la chaîne de montage menée par Violet et Alison. Elles ont préparé trois genres de glaçage différents – un fondant, un royal et un à la crème au beurre – et rempli au moins une douzaine de poches à douille. La cuisine de Rosemary ressemble à un croisement entre un studio d'artiste et une pâtisserie chic de Londres. Je porte une pile de moules à gâteaux en direction de l'évier pour les laver.

— Attends, je vais t'aider, propose Nick.

— OK.

— Je n'aurais jamais cru que je m'amuserais autant (il attrape une éponge). C'est mieux que les

TD de sciences et mon coffret de petit chimiste réunis.

— Oui, c'est génial. Et je suis vraiment contente que tu fasses partie du club.

Nos doigts couverts de mousse se frôlent sous l'eau, j'en ai des frissons partout. Nick me regarde et je rougis. Ça n'a duré qu'une fraction de seconde, mais je ne l'ai pas rêvé. J'ai touché la main de Nick !

Deux heures plus tard, nos gâteaux spectaculaires sont enfin achevés. Nous coupons le petit en tranches et nous nous extasions sur les jolies strates de couleurs vives. Surtout, il est succulent.

Nick a apporté son appareil photo. Dès la dégustation finie, il programme le retardateur et nous nous rassemblons derrière la table autour de Mme Simpson. Nos créations sont superbes. Le nappage blanc décoré de spirales de glaçage arc-en-ciel, de pétales de fleurs scintillants et de vermicelles multicolores sera sûrement très photogénique.

— Ouistiti ! dit Nick.

Le flash nous éblouit. Nous sommes collants, sales et épanouis. Il y a du vermicelle partout.

— Mesdemoiselles, et monsieur, vous avez vraiment un don pour la pâtisserie, déclare Mme Simpson.

Venant d'elle, le compliment nous va droit au cœur. Lorsque j'annonce que je passerai récupérer le gâteau pour le collège le lendemain matin, elle demande :

— C'est pour le vendre ?

— Non, répond Violet. Nous offrons des parts gratuites à la cantine au nom du Club des Petits Chefs Anonymes.

— Vous avez bon cœur. Tous autant que vous êtes.

— Merci madame Simpson.

En cet instant, j'ai l'impression d'être capable de soulever des montagnes. Nos problèmes semblent s'être envolés loin, très loin dans la nuit nuageuse.

Quand je rentre chez moi ce soir-là, je trouve maman en haut dans sa chambre. Elle dort à poings fermés. Elle a pris le temps de se débarrasser de ses chaussures mais elle a gardé son ensemble en lin beige, qui est maintenant légèrement froissé.

Je l'embrasse sur le front, et elle remue dans son sommeil.

— Scarlett ? murmure-t-elle.

— Oui maman, c'est moi.

Elle ouvre péniblement les yeux.

— Je suis désolée ne pas t'avoir attendue en bas. J'étais épuisée.

— Ce n'est pas grave. Je t'ai envoyé un texto pour te dire que j'arriverais tard.

— Oh, j'aurais dû regarder mon portable. Je suis vraiment une mauvaise mère.

— Mais non ! Comment s'est passé ton rendez-vous avec Boots ?

— Très bien, merci. Ils ont adhéré à mes idées pour la campagne marketing.

— Super !

Alors que je m'apprête à sortir pour la laisser se reposer, elle me rappelle.

— Comment va Rosemary ? Tu l'as vue ?

Je reviens m'asseoir sur le bord du lit.

— Elle va bien. Mais M. Kruffs est passé. Il était très en colère – un fou furieux. J'ai aidé Mme Simpson à lui tenir tête, mais c'était dur.

Elle se redresse sur un coude.

— J'aurais dû être là... Rosemary a besoin de quelqu'un pour veiller sur elle en permanence. Mais je n'arrive même pas à dégager assez de temps pour toi et ta sœur. Comment vais-je m'occuper de Rosemary en plus (elle soupire, fatiguée) ? J'ai peut-être eu tort de lui promettre quoi que ce soit – si ça se trouve, ça ne fera qu'aggraver la situation.

— Quelqu'un doit lui rendre visite au moins une fois par jour. Une infirmière ou une auxiliaire de vie. C'est ce que les parents de Gretchen ont fait pour sa grand-mère.

— Mais qui va payer ? Mme Simpson en a-t-elle les moyens ?

— Elle peut en assumer une partie, je pense. Mais j'ai réfléchi à une autre solution.

Je confie mon idée à maman. Elle écoute attentivement et son visage s'illumine.

— Ton projet est très intéressant, Scarlett (elle marque une pause, le temps pour son cerveau de basculer en mode blogueuse). J'ai quelques suggestions si tu veux les écouter…

39
Le marathon de la pâtisserie

Un mois plus tard...

15 novembre, 17 h.

Je n'en reviens pas : le Club des Petits Chefs Anonymes *online* existe depuis déjà un mois ! Merci du fond du cœur à mes quatre cent cinquante et un amis et *followers* – vous êtes formidables ! S'il vous plaît, continuez à m'écrire et à m'envoyer des photos des jolis plats que vous confectionnez. N'oubliez pas – quand vous laissez des parts gratuites à la cantine, laissez une note avec notre adresse mail.

Et maintenant, passons aux dernières nouvelles. D'abord, le compte à rebours est lancé : plus que sept jours avant le début du marathon de la pâtisserie ! Cliquez ci-dessous pour vous inscrire et participer.

Ensuite, je suis heureuse de vous annoncer que ma mère – oui, vous avez bien entendu – a décidé de nous donner un coup de pouce pour atteindre la barre des mille *followers*. Notre lien sera mentionné sur le sien : cela fera de la publicité sur Twitter, Facebook et Instagram. Elle pense qu'ensemble nous pourrons lever beaucoup d'argent et éveiller les consciences afin de permettre à Mme Simpson et à d'autres personnes âgées de recevoir les soins dont elles ont besoin.

Troisièmement, nous avons aidé notre nouveau membre à confectionner une SPLENDIDE pièce montée aux couleurs de l'arc-en-ciel pour l'anniversaire de sa mère. Elle était stupéfaite qu'il soit capable de préparer quelque chose d'aussi délicieux. Essayez, vous aussi – on ne sait jamais, vous pourriez vous amuser !

C'est incroyable comme ma relation avec maman a évolué. J'ai fini par tout lui révéler à propos du Club. J'en ai profité pour lui avouer que j'avais accidentellement déclenché un feu chez la voisine. Elle était surprise – c'est peu de le dire –, surtout pour le site ! Du coup, la situation s'est de nouveau tendue pendant quelques temps, mais nous avons surmonté cette épreuve. Aujourd'hui, nous sommes comme deux associées – ce qui nous convient parfaitement à l'une et à l'autre.

Vous savez ce qui m'a le plus étonnée ?

C'est que maman sache cuisiner ! Pour mon anniversaire,

elle m'a préparé un gâteau à deux étages avec un glaçage violet, des fraises et des bonbons – il était à tomber. Avec Rosemary, elles passent parfois des heures dans la cuisine à concocter de vrais repas équilibrés et entièrement faits maison pour ma sœur, moi et mes amis. De notre côté, nou faisons la même chose pour elle. Nous apprenons enfin à nous respecter mutuellement, elle et moi. Et c'est bon – vraiment bon. Depuis que j'ai soufflé mes treize bougies, je crois que j'ai mûri.

16 novembre, 20 h. [Billet invité] Par : « Chuut... ne le dites pas à mes filles ! »

Je n'avais jamais écrit en tant qu'invitée sur le site d'une blogueuse de treize ans. Tout le mérite en revient à ma fille, qui m'accorde son entière confiance alors que j'ai si peu fait pour la mériter au cours des trois dernières années. Je tiens à dire au « petit chef » que je l'aime et que je suis fière d'elle. Mais... au secours ! Le marathon de la pâtisserie organisé par ma fille a transformé ma cuisine en véritable capharnaüm !

17 novembre, 18 h. *Chuut... ne le dites pas à mes filles !* [Billet invité] Par : « Le Petit Chef »

Vous savez tous qui je suis – et vous en savez beaucoup plus sur ma vie que je ne voudrais. Maintenant que j'ai trouvé ma propre voix, et

que maman et moi avons bien discuté, je me sens beaucoup mieux. Ça ne me dérange même plus qu'elle écrive des trucs personnels – enfin, plus trop… tant que ça reste positif… Mais si vous voulez connaître la vraie histoire, allez jeter un œil sur mon blog.
La meilleure chose qui soit sortie de tout ça, c'est que notre voisine est devenue une sorte de grand-mère adoptive pour nous. Nous travaillons vraiment dur pour lever des fonds afin d'aider des gens comme elle – des personnes âgées vivant seules – à profiter encore un peu du confort de leur maison. Si possible, nous aimerions aussi les réunir pour leur faire goûter de bons petits plats, leur offrir des surprises et leur permettre de se faire de nouveaux amis. Cliquez ici pour avoir plus d'informations sur notre marathon de la pâtisserie.
Si vous pensez que notre cause en vaut la peine, cliquez sur le lien ci-dessous pour faire un don et montrer votre soutien.
Oh, et restez connectés pour le marathon. Si vous avez de la chance, un membre du Club des Petits Chefs Anonymes concoctera quelque chose de délicieux près de chez vous. Notre but, c'est de répandre la joie et l'amitié grâce à la cuisine. Même si vous êtes un adulte (haaan !), nous serons heureux de vous compter parmi nos membres. Je vous redonne le lien…

Le blog marche vraiment bien. Je prends du plaisir à rencontrer plein de monde virtuellement et à créer du lien. Mais le marathon de la pâtisserie m'empêche de dormir la nuit. Nous préparons des tonnes et des tonnes de nourriture – pas seulement pour la cantine de notre collège mais aussi pour d'autres établissements scolaires, des hôpitaux, quelques maisons de retraite locales et deux entreprises de livraison de repas à domicile pour les personnes âgées. Bref, ça représente un énorme boulot. Au moins, nous ne sommes pas seuls – douze élèves du collège participent. Je ne les connais pas tous (nous utilisons des pseudos comme noms d'utilisateurs) mais il ne se passe pas une journée sans qu'un dessert délicieux apparaisse dans la cantine au moment du déjeuner. Tous les jours, j'ai trois à dix nouveaux *followers* sur le blog.

Mme Simpson est un sacré personnage – une espèce de synthèse entre la grand-mère, le sergent instructeur et la fée marraine. Elle insiste beaucoup pour que le blog ne nous fasse pas perdre de vue de l'essentiel : apprendre à cuisiner et partager nos plats, non seulement sous forme de photos mais aussi dans la vraie vie, avec le plus de monde possible.

Tout n'est pas rose. D'abord, notre voisine a beaucoup de migraines et parfois elle perd l'équilibre, sans parler des trous de mémoire. M. Kruffs n'est jamais bien loin, même s'il semble avoir remis ses projets à plus tard.

Dès son retour de Londres, il a débarqué chez sa tante. Il nous a surprises les mains dans le sac – enfin, dans la pâte (Mme Simpson nous aidait à faire des bonshommes en pain d'épices nappés de chocolat). Ça n'a pas suffi à l'impressionner.

Il s'est lancé dans sa tirade habituelle sur l'occasion qui se présentait d'avoir une place dans une belle maison de retraite, l'incapacité de sa tante de se débrouiller seule tous les jours, de la fatigue que cela entraînait, etc. Il n'était pas ravi quand je lui ai dit qu'on n'avait pas encore eu le temps de chercher une auxiliaire de vie. C'est juste après qu'une véritable catastrophe s'est produite.

Maman a dû entendre notre raffut à travers le mur de son Antre et elle est venue mettre son grain de sel. Elle a invité M. Kruffs à boire une tasse de thé chez nous pour discuter de l'avenir de Mme Simpson. Quand je suis rentrée à la maison quelques heures plus tard, je n'en revenais pas – il était toujours là !

— Bonjour Scarlett, m'a dit maman en me donnant une brève accolade. Emory et moi, nous avons engagé une conversation passionnante.

— Ah ?

« Emory ? » Mes yeux se sont posés sur la bouteille de vin rouge à moitié vide et les restes d'un assortiment de fromages que Mme Simpson avait achetés dans une très bonne boutique pour les offrir à maman.

— Oui, a confirmé M. Kruffs en se redressant. Ta maman est une personne formidable.

Pas croyable. Était-ce une mauvaise plaisanterie ? Maman, de mèche avec l'ennemi de Mme Simpson ?

— Oh non ! s'est-elle écriée en rougissant. Nous parlions de communication, c'est tout. Comment construire un profil, par exemple... Il se trouve que je connais un peu le sujet.

— J'avoue que je n'ai jamais lu le blog de ta mère. Mais elle m'a dit qu'elle me pardonnait.

Il lui a souri d'un air niais.

— Évidemment (elle lui a retourné son sourire, et ils se sont regardés les yeux dans les yeux. Dégoûtant) ! D'autant que j'ai commencé à impulser une nouvelle dynamique. N'est-ce pas Scarlett ?

— Ouais.

En effet, maman avait déjà entamé la transition entre le « déballage désobligeant de notre vie privée » et le « blog inspirant pour toutes les femmes ». Elle a pour projet de me faire participer dans la section « parentalité ». Elle imagine une sorte de « dialogue » (je la cite) entre une mère et sa fille qui chercheraient à résoudre leurs différends. Au début, j'ai ri et suggéré qu'elle imagine un nouveau kit pour Boots – du style « Mères et filles dans la même galère ». Malheureusement, elle a adoré l'idée. J'essaierai de garder l'esprit ouvert.

— Enfin, a repris M. Kruffs, ça a été un vrai plaisir de vous rencontrer, Claire. Je vous enverrai un e-mail au sujet de cette inauguration de galerie d'art dont je vous ai parlé.

« Claire. »

— D'accord, oui, très volontiers, a répondu maman les joues toutes roses.

OH MON DIEU. Ses derniers billets me sont revenus en mémoire – « Conseils de séduction pour mère célibataire », « Le véritable chemin vers le cœur d'un homme »...

Maman a accepté un rendez-vous galant avec M. Kruffs !

— Excusez-moi, ai-je dit d'une voix étouffée, j'ai des devoirs à faire.

— Bonne nuit Scarlett.

Elle m'a embrassée sur la joue. Je suis montée dans ma chambre et je suis restée un bon moment à fixer les étoiles phosphorescentes au plafond. Au moins, elles sont restées à leur place alors que tout, autour de moi, n'est qu'un immense tourbillon.

Le jour que j'ai à la fois attendu avec impatience et secrètement redouté finit par arriver. Le marathon de la pâtisserie est sur le point de commencer. Grâce aux *guest* posts de maman, à ses tweets et à toute la publicité qu'elle nous a faite, j'ai plus de huit cents *followers*. Un peu plus d'un quart d'entre eux a signé pour participer au marathon. La formule est la suivante : les participants cuisinent quelque chose et l'apportent dans leur école, à l'hôpital, dans une maison de retraite, chez un traiteur qui livre à domicile – ou simplement sur un stand improvisé dans une grande rue passante. Tout le monde cherche des sponsors et des soutiens publicitaires auprès des boutiques et des entreprises locales. Les gens font des dons en ligne pour venir en aide aux personnes âgées.

Bien sûr, ceci se déroule à la fois dans le cyberespace et dans le monde réel, deux dimensions sur lesquelles je n'exerce qu'un contrôle très limité. Jusqu'à présent, les dons affluent à un rythme régulier. J'ai dû créer un nouveau site lié à mon compte original Bloggerific pour loger les nombreuses photos envoyées par nos membres dans chacune des sections Cake et gâteaux savoureux, En-cas équilibrés, Repas faits maison et Recettes à partager. Mes amis et moi, nous passons tout notre temps à cuisiner. Nous avons réquisitionné frigos, tables, étagères, plans de travail, plats, placards... Dans un sursaut de dernière minute, M. Kruffs, adepte de la philosophie « quand on ne peut pas lutter, autant rejoindre l'adversaire », a appelé maman. Il s'est engagé à doubler l'intégralité de la somme remportée grâce au marathon. Du coup, je suis encore plus motivée qu'avant.

Je suis debout, lavée et habillée bien avant l'heure du rendez-vous chez Mme Simpson. La mère de Gretchen est censée venir chercher des plats avec sa voiture. C'est un matin d'automne frais et lumineux, et j'entends les oiseaux chanter dans le jardin pendant que je m'occupe des derniers préparatifs. Je rentre discrètement chez Mme Simpson, au cas où elle dormirait encore à l'étage. Je suis surprise de la trouver assise dans sa cuisine baignée de lumière, les portes du jardin grandes ouvertes. Sur la table devant elle, une tasse de thé fumante et un croissant moelleux – fait maison, bien sûr. Il y a aussi une feuille de papier et un stylo. En m'apercevant, elle replie vite le papier et le range.

— Scarlett, dit-elle en me tendant la main. C'est une belle journée pour ton marathon.

J'examine de près son visage flétri. Ses joues sont plus colorées que d'habitude, et je distingue une étincelle au fond de ses prunelles du même bleu clair que le ciel dehors. Elle me semble rajeunie d'une certaine façon. Elle porte sa plus jolie robe fleurie et un cardigan en laine ivoire. Ses cheveux sont lissés en arrière et attachés en chignon sur la nuque.

— Vous êtes jolie, madame Simpson. Vous attendez quelqu'un ?

— Non (elle marque une longue pause). Pas vraiment. Mais il y a de la magie dans l'air aujourd'hui. Tu la sens ?

Je reste immobile – ce qui ne m'était pas arrivé depuis longtemps. J'écoute le pigeon roucouler sur le toit, le vent bruisser dans les feuilles aux couleurs flamboyantes. Je goûte la chaleur du soleil pâle sur mon visage. Peut-être qu'il y a de la magie là-dedans, je ne sais pas. En tout cas, je me sens plus calme et prête à affronter la journée chargée qui nous attend.

— Oui, madame Simpson.

Elle sourit.

— Je suis si fière de toi, Scarlett.

— Merci.

Ses compliments comptent beaucoup pour moi. Je me penche et je l'embrasse sur la joue. La sonnette annonce l'arrivée de Gretchen et Violet. Je les fais entrer.

— Salut ! Vous êtes pile à l'heure, les filles.

Nous allons dans la cuisine, mais Mme Simpson n'est plus là – je la vois dans le jardin, appuyée sur sa canne, les yeux levés vers le ciel. Elle nous fait un petit signe de la main tandis que nous vidons le frigo et remplissons au fur et à mesure la voiture de Gretchen. Des montagnes de paniers, de boîtes en plastique et de récipients divers occupent le coffre et les sièges. Alison et Nick aident à coordonner le ramassage des aliments chez les nouveaux membres du collège – Susan, Éloise et Fraser.

La mère de Gretchen nous conduit aux endroits convenus – l'hôpital où nous sommes allées apporter les flapjacks à Mme Simpson, deux maisons de retraite, la mairie, le siège d'une association caritative locale qui prépare des déjeuners pour les personnes âgées et plusieurs boutiques qui ont accepté de soutenir notre projet. Il nous reste encore une quantité généreuse de cookies aux pépites de chocolat, de brownies et de cupcakes à apporter au collège. J'ai de bonnes raisons d'espérer que plusieurs nouveaux membres du Club (que je n'ai encore jamais rencontrés) nous attendent là-bas avec les bras chargés.

Nous voilà rendus au collège. Pour plus de commodité, nous passons par les portes qui donnent sur l'arrière de la cantine. Tout le monde sait à peu près qui nous sommes maintenant, et les dames de cantine sont à fond derrière nous. Elles nous ont même autorisés à utiliser les cuisines de l'établissement (sous surveillance rapprochée, bien sûr).

Quand nous nous présentons en classe (très en retard), il semble que tout se déroule pour le mieux. Je lutte contre le sommeil, et soudain, c'est déjà l'heure de la pause déjeuner.

Un brouhaha infernal nous parvient depuis la cantine. Violet et moi, nous y allons ensemble, bras dessus bras dessous. Lorsque nous franchissons le seuil, je retiens mon souffle. On dirait un *flash mob*. Les tables sont jonchées de gâteaux et de viennoiseries – soit le Club des Petits Chefs Anonymes a beaucoup plus de membres que je ne croyais, soit les cantinières ont largement participé. Des dizaines de personnes sont là en train de bavarder, de rire, de faire tourner les plateaux, sans chercher à former une queue ordonnée. Je suis satisfaite d'entendre le tintement des pièces qui tombent dans la boîte installée à cet effet.

Quelqu'un ouvre la porte qui donne sur la pelouse de l'établissement et les gens commencent à sortir pour un pique-nique d'automne improvisé. C'est contre le règlement de l'école mais personne n'essaie de nous arrêter – au contraire. Les profs emportent leurs assiettes bien garnies dehors et s'asseyent sur les bancs au milieu de leurs élèves. Par chance, le jour est encore clair et ensoleillé. Seuls quelques petits nuages rebondis se promènent dans le ciel bleu.

J'attrape un plateau et je me dirige vers la table des gâteaux. En réalité, je suis bien trop nerveuse pour en goûter un. Quelqu'un me tapote sur l'épaule et je me retourne. Aussitôt une nuée de papillons décolle dans mon ventre – comme chaque fois que je suis à proximité de Nick Farr.

— Bravo Scarlett, c'est génial !

Son sourire est incroyable – et ses yeux !

— Merci. Non que j'aie quoi que ce soit à voir là-dedans – mais je suis certaine que Le Petit Chef apprécie beaucoup ton aide pour le site.

— Avec plaisir, s'esclaffe-t-il. J'ai vu le nouveau billet de ta mère aujourd'hui. Elle fait de la pub pour le marathon. Elle s'est vraiment rachetée une conduite.

— Oh (je lève les yeux au ciel)... C'est tout frais, on verra bien si elle tient ses résolutions.

— Écoute (il se penche près de moi et je crois bien que mon cœur s'arrête de battre)... Mon frère et sa femme m'ont offert deux places pour aller voir One New Direction – tu sais, le groupe de reprises? Je me demandais (sa voix flanche un peu)... Enfin, si tu n'es pas trop occupée...

— J'adorerais y aller avec toi ! C'est quand?

— Dimanche en quinze. Je peux t'envoyer les détails par e-mail.

— Ce serait super.

Tout à coup, je suis soulevée par la foule qui se presse autour des gâteaux. Nick me prend la main, mais nous sommes vite séparés. Je le cherche autour de moi, j'ai des fourmis dans la paume. Il a disparu.

Je prends peu à peu conscience de ce qui vient de se passer, de ce que ça signifie. C'est comme si je plongeais dans un délicieux bain chaud. *Nick Farr* m'a invitée à un concert. Je lui plais !!

J'ai l'impression que le monde entier tourne au ralenti. J'attrape un samosa, une part de tarte aux fruits et un brownie au chocolat sans prêter attention à la clameur et aux gens qui me bousculent. J'ai encore la sensation de voler quand je rejoins Violet, Alison et Gretchen dehors. Elles sont assises en cercle sur une couverture étendue dans l'herbe. Elles me présentent chacune leur main pour un high-five. Je m'assieds et je mords dans la tarte qu'Alison a préparée – c'est sa spécialité.

— Hmmmm. Cro bon !

Je ferme les yeux pour mieux la savourer et j'essaie de me représenter le visage de Nick. Quand je rouvre les paupières, le ciel s'est subitement assombri. Un nuage noir glisse sur le soleil. Quelques personnes regardent en l'air d'un air inquiet. Les premières gouttes de pluie se sont mises à tomber.

40
L'ingrédient secret

À la fin de la journée, je suis épuisée mais heureuse. J'ai réussi à m'échapper de classe pour aller aux toilettes et j'ai jeté un coup d'œil à notre site sur mon portable pour voir comment marchait le marathon en ligne. Des centaines de photos ont été téléchargées et plus de vingt recettes ont été ajoutées. Encore mieux, nous avons récolté presque 3 000 livres, et les dons ne sont pas tous comptabilisés, loin de là.

Après les cours, je vais sur le blog et je déclare officiellement que le marathon de la pâtisserie a rencontré un franc succès. J'ai hâte de rentrer à la maison pour le dire à maman et à Mme Simpson. Violet reste pour m'aider à ramasser nos plats et nos paniers. Gretchen et les autres partent récupérer ceux que nous avons laissés ailleurs en ville. Mais quand Violet et moi sortons du bâtiment, je suis surprise de voir maman patienter sur le parking dans son Astra

Vauxhall bleue. Nous n'avions pas convenu qu'elle viendrait nous chercher. Même si elle a changé ces derniers temps, elle n'est pas du genre à passer nous prendre à l'improviste. Elle se penche par la vitre et m'appelle. C'est alors que je remarque ses joues baignées de larmes.

— Maman ! Qu'est-ce qui se passe ? Tu vas bien ? C'est Kelsie ?

— Non, nous allons bien toutes les deux (ma sœur est à l'arrière en train de jouer à un jeu avec Mickey sur l'iPhone). Montez. Il faut qu'on aille à l'hôpital.

Nous répétons à l'unisson :

— À l'hôpital ?

Nous nous regardons consternées.

— Qu'est-il arrivé ?

Même si je pose la question, dans mon cœur, j'ai déjà deviné.

— C'est Rosemary. Allez, grimpez.

Violet et moi entassons nos affaires dans le coffre et nous nous dépêchons de monter. Maman roule vite. Personne ne parle par-dessus la voix aigrelette de Mickey. Tandis que je regarde le trafic et les passants par la vitre, Violet passe un bras autour de mes épaules. J'enfouis mon visage dans ses cheveux.

Nous arrivons sur le parking de l'hôpital. Je n'en reviens pas. Ce matin, nous étions ici pour distribuer des gâteaux, très sûres de nous parce que nous ne venions rendre visite à personne. Et maintenant... C'est fou la vitesse à laquelle les choses basculent.

Maman traîne à moitié Kelsie en la tirant par la main. Violet et moi suivons derrière. Je m'aperçois que mon amie a gardé un panier de pâtisseries sous le bras. Nous entrons dans le hall et maman parle à la secrétaire médicale. Elle nous recommande de suivre la ligne jaune – ce qui signifie que nous allons dans une aile différente de la dernière fois. Nous prenons l'ascenseur puis marchons un peu. La ligne jaune s'arrête finalement devant une porte à l'aspect inquiétant : Unité de soins intensifs.

— Mais ce n'est pas possible, dit Violet. Ce matin, elle allait bien. Elle...

Sa voix s'éteint.

Mme Simpson était malade. Très malade. Et nous n'étions pas au courant.

Ce département ressemble beaucoup à celui que nous connaissons déjà : nous retrouvons les mêmes infirmières pressées, les appareils médicaux semblables à des instruments de torture dans le couloir, des portes donnant sur des pièces pareilles à des tombeaux. Il flotte une horrible odeur de désinfectant qui ne masque pas complètement ce qu'elle est censée couvrir. Je me mords la lèvre pour l'empêcher de trembler.

Maman s'adresse à une infirmière. La femme lève à peine les yeux de son écran d'ordinateur.

— Vous êtes de la famille ?

Comme maman ne répond pas tout de suite, je m'avance.

— Oui, c'est ma grand-mère.

Le mot semble complètement approprié. Elle désigne une rangée de chaises en face du bureau.

— Asseyez-vous, je vous prie. Le médecin va venir vous voir.

— Mais nous ne pouvons pas aller dans sa chambre ? demande Violet.

La dame se renfrogne – elle ne doit pas avoir l'habitude qu'on discute ses instructions.

— Nous allons patienter, dit maman.

Nous nous asseyons dans les chaises en plastique moulé inconfortables. La pièce tangue devant mes yeux.

— Je… je ne comprends pas.

Maman pose une main sur mon bras.

— Rosemary a eu un malaise juste après le déjeuner. Elle a réussi à appuyer sur le bouton de secours que nous lui avons installé. J'y suis allée tout de suite et je l'ai trouvée étendue par terre dans la cuisine. Elle avait ramassé des herbes - de la menthe, de la sauge, du romarin... Il y en avait partout autour d'elle. Elle avait perdu conscience (elle a du mal à finir ses phrases). J'ai tout de suite appelé une ambulance.

Je ne sais pas quoi dire.

Au bord des larmes, elle ouvre son sac à main et sort une enveloppe blanche.

— J'ai trouvé ça sur la table de la cuisine. Il y a ton nom dessus.

Mes doigts tremblent tandis que je prends l'enveloppe. Je fixe l'écriture, les lettres de mon nom qui dansent sur le papier.

— Elle t'a écrit une lettre, dit Violet. Ouvre-la.

Mais j'hésite une seconde de trop. Un homme en blouse blanche arrive dans la salle d'attente. Il regarde ses papiers et appelle maman.

— Claire Cooper?

Je fourre la lettre dans la poche de mon pull. Maman se lève, nerveuse.

— Oui c'est moi. Kelsie, éteins ce truc.

Elle tend la main pour récupérer l'iPhone.

— Vous êtes de la famille de Mme Simpson? s'informe le médecin.

— Oui.

Cette fois, elle n'a pas hésité.

— Eh bien, je suis vraiment désolé, les nouvelles ne sont pas bonnes. Mme Simpson est venue passer quelques examens la semaine dernière. Elle avait des migraines et elle se sentait faible, comme vous devez le savoir. Elle savait que son état s'aggravait.

Je ne peux pas m'empêcher de l'interrompre.

— Mais elle ne nous a rien dit ! Je savais qu'elle avait des migraines mais tout le monde en a, non ?

Il hoche la tête, compréhensif.

— Ç'a été assez soudain, comme souvent dans ces cas-là. La pression sanguine dans son cerveau augmentait progressivement depuis quelque temps. Et aujourd'hui, elle a eu une sévère attaque.

Il sort un dossier de son bloc-notes à pince. Il le feuillette et montre une photo à maman. Je regarde par-dessus son épaule. C'est un cliché de son crâne en noir et blanc.

— On voit le caillot ici – cette masse sombre (il désigne une tache). Elle a sombré dans le coma. J'ai bien peur qu'on ne puisse plus rien faire pour elle.

Je le dévisage avec stupeur.

— Je ne comprends pas. Vous voulez dire que… ?

— Est-ce que nous pouvons la voir ? demande maman.

— Bien sûr. Par ici.

Mes jambes chancellent tandis que je me lève pour suivre le docteur. Cette fois, c'est mon tour de serrer la main de Violet comme si ma vie en dépendait. Maman marche à côté de nous, la mâchoire contractée. Kelsie se fait toute petite derrière elle.

Pendant que nous descendons le couloir, nous entendons plusieurs coups frappés contre les portes battantes, puis une voix masculine et puissante :

— Laissez-moi entrer, s'il vous plaît. Quelqu'un ?

L'infirmière appuie sur le bouton d'un air agacé. Un homme en costume noir déboule en trombe.

— Emory, tu arrives juste à temps, dit maman d'une voix étranglée. Nous allons la voir.

Il semble se calmer un peu en la voyant. Il s'approche et l'embrasse sur la joue.

— Je suis content que vous soyez là, dit-il avant d'ébouriffer les cheveux de Kelsie. Toutes les quatre, ajoute-t-il en nous regardant, Violet et moi.

Je lis beaucoup de tristesse et de sincérité sur ses traits.

J'ai la gorge trop nouée pour lui répondre. Le médecin tape du pied, impatient. Je mène la procession solennelle derrière lui.

Je me force à jeter un œil dans l'entrebâillement des portes pendant que nous longeons le couloir afin de me préparer au pire. Comme la dernière fois, des moniteurs beuglent ; des patients ratatinés sont allongés et reliés à des tuyaux qui partent dans toutes les directions. Je commence à avoir le vertige.

Le spécialiste nous conduit jusqu'à une chambre individuelle au bout du couloir. Je m'arrête sur le seuil et je regarde à l'intérieur. La silhouette de Mme Simpson est petite et frêle au centre du lit. Sa peau est pâle, sa respiration régulière. Elle paraît presque sereine. Je ne distingue qu'un seul tuyau. Il sort d'un pansement qui fait le tour de son petit doigt et va jusqu'à un moniteur qui sonne tout bas.

Je ne vais pas y arriver, je ne peux pas. Je fais demi-tour et je reviens sur mes pas en courant. Après quelques mètres, je m'appuie contre le mur et je cherche mon souffle. Un flot de larmes m'emporte comme un raz-de-marée. La lumière se brouille, je ne distingue plus rien.

Une main saisit mon bras pour m'aider à retrouver l'équilibre. Emory Kruffs est debout à côté de moi.

— Scarlett..., murmure-t-il.

— Vous aviez raison, dis-je entre deux sanglots. Elle aurait dû être dans un établissement avec des infirmières pour veiller sur elle nuit et jour. J'aurais dû vous écouter et la persuader d'y aller. Si elle avait suivi vos conseils, ce ne serait peut-être pas arrivé.

Il secoue la tête avec un sourire tendre.

— Non, Scarlett. Je crois que c'est toi qui avais raison depuis le début. Elle était âgée et malade – même moi, j'ignorais à quel point –, et ce serait arrivé de toute façon. Au moins elle a vécu ses derniers jours où elle le désirait – chez elle. Elle a pu vous transmettre ses dons, à toi et à tes amis – et cela comptait beaucoup pour elle (des larmes perlent à ses paupières). Finalement, je suis content qu'elle soit restée là-bas, entourée de ses souvenirs et... des gens qu'elle aimait, conclut-il en me serrant doucement la main.

Je hoche la tête avec gravité. À cet instant, je crois que nous nous comprenons. Et peut-être que nous faisons la paix.

— Viens. C'est l'heure de lui dire au revoir.

Je me laisse entraîner jusqu'à la chambre. Violet et maman sont assises de part et d'autre de Mme Simpson. Chacune lui tient une main. Kelsie, debout derrière maman, se cache dans ses cheveux. Violet ne pleure pas, mais elle a la tête basse. Je me rappelle qu'elle était aux côtés de sa mère jusqu'à... la fin.

— Elle a l'air très paisible, me dit-elle en essayant de sourire. Tu sais, comme si elle était en chemin vers un monde meilleur.

Où que Mme Simpson soit partie, ça ne peut pas être un endroit plus beau que sa magnifique cuisine.

— Je suis désolée Scarlett, murmure maman.

Je sais qu'à ce moment-là, elle ne parle pas seulement de Mme Simpson.

— Non maman, ça va. Euh... vous pourriez nous laisser seules avec elle une minute, Violet et moi?

— Bien sûr. Je serai devant la porte.

Elle se lève et me cède sa place.

Tandis qu'elle pousse Kelsie hors de la pièce, Emory Kruffs passe un bras autour de ses épaules.

— Madame Simpson? Rosemary?

Je n'entends pas d'autre réponse que son souffle régulier. Je touche sa main ridée et pleine d'arthrose. Elle est fraîche et légèrement moite.

— Nous vous avons amené quelque chose.

Je m'approche du panier de Violet et j'ôte le torchon. J'ai l'impression d'être le Petit Chaperon rouge, sauf que moi, je suis parfaitement consciente que le loup guette à la porte.

— Nous avons des scones, quelques flapjacks, et des bonshommes en pain d'épices nappés de chocolat (je souris à travers mes larmes). Je sais que vous les aimez.

J'avance un gâteau au gingembre sous son nez. Un parfum délicieux emplit la pièce. Cannelle, sucre, mélasse, gingembre en poudre. Et, sous les autres ingrédients, un petit quelque chose en plus. Je me souviens de la lettre trouvée par maman. Je tends le gâteau à Violet et je fouille dans ma poche.

J'ouvre l'enveloppe et je déplie la feuille. Elle ne contient que quelques lignes manuscrites. Je les lis à voix basse :

« Ma chère Scarlett,

Je suis désolée de ne pas t'avoir avertie que le temps nous était compté. J'ai pensé que ce serait mieux ainsi. Je ne te connais pas depuis très longtemps mais je sais que tu possèdes déjà toutes les qualités qui feront dc toi la jeune femme que tu désires devenir.

Le cahier de recettes est à toi, et j'espère que tu le garderas toujours en souvenir des bons moments que nous avons partagés ensemble. S'il te plaît, ne sois pas triste pour moi. Profite au maximum de la vie et je serai toujours là. Quant à l'ingrédient secret – il te suffit de regarder à l'intérieur de toi pour le découvrir. Et d'y croire…

Avec mon éternelle affection,

Rosemary Simpson »

Les larmes coulent sur mes joues lorsque je termine ma lecture. Violet sanglote doucement. Juste derrière moi, je sens la présence de trois autres personnes massées dans la chambre – Gretchen, Alison et Nick. Le Club des Petits Chefs Anonymes s'est réuni pour la remercier une dernière fois.

Un à un, mes amis lui disent au revoir avant de quitter la pièce et de la laisser reposer en paix. Violet s'attarde une seconde à la porte puis elle rejoint les autres.

Il ne reste plus que moi.

Tout à coup, la main de Mme Simpson donne une secousse sous la mienne. Je me redresse aussitôt, pleine d'espoir. Ses paupières sont toujours closes mais ses lèvres remuent légèrement et forment un mot :

— Marianne.

Ses doigts serrent les miens avec plus de force pendant un instant, un sourire naît sur ses lèvres. Alors le moniteur qui surveille son rythme cardiaque émet une note plate et ininterrompue.

Elle est partie.

41
Épilogue

L'enterrement de Rosemary Simpson a lieu le vendredi après-midi, sous la grisaille. L'assistance se compose de : maman, Emory Kruffs, ma sœur, Violet, Gretchen, Alison, Nick et moi-même, ainsi qu'une centaine de membres du Club des Petits Chefs Anonymes qui sont venus d'un peu partout pour se rencontrer, rendre hommage à notre mentor et apporter des tas de mets délicieux qui pourraient nourrir une armée entière. L'événement attire unc telle foule que le journal local a envoyé un photographe et que la directrice de l'association de bénévoles pour les personnes âgées prononce un discours à la louange de notre marathon de pâtisseries caritatif. Beaucoup d'autres personnes sont présentes, pas tant moralement qu'à travers le cyberespace.

Mme Simpson est enterrée à l'ombre d'un arbre dans un angle du cimetière, près de sa fille et de son mari disparu depuis longtemps. Je pleure pendant la cérémonie, bien sûr. Mais en même temps, je ressens une étrange sérénité. Je sais que Mme Simpson est avec sa fille maintenant – son «petit chef» – et qu'elle est en paix. Je sais que la magie est réelle. Et quant à moi, quoi qu'il arrive, je suis prête à affronter l'existence.

D'ailleurs, j'ai déjà dû accepter l'idée que la relation de maman et d'Emory Kruffs était plus qu'un simple flirt. Il est question de réunir nos deux maisons en une seule (en gardant la merveilleuse cuisine de Mme Simpson en l'état, bien entendu). Emory n'est pas si mal, maintenant que j'ai appris à le connaître. Croyez-le ou non, nous avons regardé une ou deux émissions de cuisine ensemble chez nous. Il m'a confié un secret – il m'a dit que quand il aurait le temps, il aimerait que je lui donne une ou deux leçons pour qu'il puisse faire une surprise à maman. Qui sait ? Le Club des Petits Chefs Anonymes a peut-être gagné son premier membre célèbre – ou, du moins, son premier député.

Ce qui m'a le plus touchée lors des funérailles, c'est quand Nick Farr m'a cherchée pour me présenter ses condoléances… et me rappeler qu'on avait rendez-vous deux jours plus tard pour aller au concert.

En d'autres termes, la vie continue.

Le soir après l'enterrement, je suis assise à mon bureau avec Ganache roulé en boule sur mes genoux. Jusqu'à maintenant, il ne se plaint pas de sa nouvelle maison. Je finis de taper une des recettes spéciales de Mme Simpson et je referme le petit cahier. J'appuie sur la touche «entrée» de mon nouvel ordinateur pour la publier sur le blog – et partager ainsi l'héritage de Mme Simpson avec nos amis et *followers*. Il y a à côté de moi une assiette de délicieux petits biscuits au beurre confectionnés par Gretchen et Alison, décorés par Violet avec des spirales de chocolat et des paillettes dorées sur le dessus. J'ai aussi une tasse fumante de chocolat chaud saupoudré de cannelle que maman vient de m'apporter. Je respire ses arômes à pleins poumons.

Un nuage d'amitié, une pincée de secrets, une portion de rire et une cuillerée de larmes.

Plus l'ingrédient secret – ce quelque chose qu'il nous suffit de trouver en nous-mêmes.

Peut-être que vous avez déjà deviné de quoi il s'agit…

Ce n'est pas si secret en réalité…

C'est ça…

L'amour.

Remerciements

Ce livre est dédié à Eve, Rose et Grace. Je vous aime encore plus fort que des caramels enrobés au chocolat. J'aimerais remercier les jurés du concours *The Times*/Chicken House Children's Fiction 2015 d'avoir choisi ce livre, ainsi que toutes les merveilleuses personnes de Chicken House qui ont transformé mon rêve en réalité. Je voudrais également remercier mes parents, mon conjoint Ian et mon groupe d'écriture – Lucy, Ronan, Chris, Francisco et Dave – pour leur soutien et leur foi en moi. Enfin, je dis un grand merci à tous mes lecteurs – vous êtes l'ingrédient secret qui donnez vie aux livres !